中國古動物

The Fossil Animals of China

中 国 古 動 物

關鍵/主編

GUAN, Jian / Chief Editor

関鍵/主編

中國海洋出版社

China Ocean Press

中国海洋出版社

地 質 年 代 表
Geochronologic Chart
地 質 年 代 表

代 Era	紀 Period	世 Epoch	距今大約年代（百萬年）Million Years Ago	主要生物演化 Evolution of Major Life-Forms
顯生宙 Phanerozoic				
新生代 Cenozoic 新生代	第四紀 Quaternary 第四紀	全新世 Holocene	現代 Present	人類時代 Age of Man 人類時代 / 現代植物 Modern Plants 現代植物
			0.01	
		更新世 Pleistocene		
			2.4	
	第三紀 Tertiary 第三紀	上新世 Pliocene		哺乳動物 Mammals 哺乳類 / 被子植物 Angiosperms 被子植物
			5.3	
		中新世 Miocene		
			23	
		漸新世 Oligocene		
			36.5	
		始新世 Eocene		
			53	
		古新世 Palaeocene		
			65	
中生代 Mesozoic 中生代	白堊紀 Cretaceous 白亜紀	晚 Late		爬行動物 Reptiles 爬虫類 / 裸子植物 Gymnosperms 裸子植物
		中 Middle		
		早 Early		
			135	
	侏羅紀 Jurassic ジュラ紀	晚 Late		
		中 Middle		
		早 Early		
			205	
	三叠紀 Triassic 三畳紀	晚 Late		
		中 Middle		
		早 Early		
			250	
古生代 Palaeozoic 古生代	二叠紀 Permian ペルム紀	晚 Late		兩栖動物 Amphibians 両生類 / 蕨類 Pteridophytes シダ種子植物 / 魚 Fishes 魚類 / 裸蕨 Psilopsids 古生マツバラン / 無脊椎動物 Invertebrates 無脊椎動物
		中 Middle		
		早 Early		
			290	
	石炭紀 Carboniferous 石炭紀	晚 Late		
		中 Middle		
		早 Early		
			355	
	泥盆紀 Devonian デボン紀	晚 Late		
		中 Middle		
		早 Early		
			410	
	志留紀 Silurian シルル紀	晚 Late		
		中 Middle		
		早 Early		
			438	
	奧陶紀 Ordovician オルドビス紀	晚 Late		
		中 Middle		
		早 Early		
			510	
	寒武紀 Cambrian カンブリア紀	晚 Late		
		中 Middle		
		早 Early		
			570	
元古宙 Proterozoic 原生代	元古代 Sinian 先カンプリア	震旦紀		古老的菌藻類 Primitive Fungi and Algae 古菌類と古藻類
			800	
			2500	
太古宙 Archaean 始生代	太古代 Archaeozoic 始生代			
			4000	

卷首語

雖說中國古動物的研究只有短短百年，但是遼闊的地域和類型多樣的沉積岩層，給這一學科以騰空翱翔的雙翅。近年來已呈現著作放異彩、展示出奇葩的喜人景象。

中國的古動物化石，其蘊藏數量是如此之大，大到在世界上只有極少數國家能與其匹敵；中國的古動物化石，其門類是如此齊全，齊全到幾乎包羅地球歷史上曾經有過的絕大多數的門綱科屬；中國的古動物化石，其保存是如此的奇妙，奇妙到擁有眾多栩栩如生的完整骨架和埋藏類型；中國的古動物化石竟然如此連續，能夠扣緊顯生宙各個時段生命演化的鏈條。正是這些，才一直吸引着學者的關注。

當人們以驚嘆的目光盯視那多姿多彩、形態迥异的化石時，何曾想到它們在從簡單到復雜、從低等到高等的進化中有着極其艱難的歷程？在久遠的歲月里，地球滄桑，生物幾多遭難，但是生物演進的扁舟，從來就是一往無前、永不停息。

化石，是人類的寶貴財富和不可再生的資源，能解人們欲知之謎。多年來人們感到一大憾事是泱泱大國卻少有圖文兼豐的古動物書籍問世。所幸的是，關鍵先生及其同事，能獨樹一幟，以艱苦的勞動和巨大的精力付出，匯學者之成就，集化石之精粹於一冊，幷順利出版。相信圖中件件瑰寶、文里句句真情的《中國古動物》會給讀者許多知識、許多啓迪。

尤玉柱

《化石》雜誌主編

中國科學院古脊椎動物與古人類研究所研究員

1998 年元月

卷頭のことば

中国の動物化石の研究の歴史は、わずか百年ほどでにかかわらず、広い地域と多様な堆積層が、この科学領域の羽ばたくための翼となっている。近年は多彩な出版物と楽しい展示が人々を楽しませている。

中国の動物化石の量は、世界でも類を見ないほど豊富である。このため、これらの動物化石は、生物の歴史で存在したすべての網、目、科および属のほとんどを含んでいる。中国の古動物化石は、まるで生きていた時のように、完全な形で骨格が埋蔵されていたり、異なった段階での進化過程をつなぐ連続した鎖が残っていたりしている点で驚かされる。これが研究者の興味を集める。

これらの様々な化石を見ただけでは、単純なものから複雑なものへ、下等なものから高等なものへと進化した紆余曲折の過程を想像することができないであろう。悠久の歴史の中で、地球は大きく移り変わり、生き物たちは大きな困難に遭遇した。けれど、生物の進化は休むとなく進んでいったのである。

化石は人類の貴重な宝で、二度と再生することのできない資源であり、そこから計り知れない謎を解くことができる。長い間このように大きな国において、古動物に関するよい本が無かったのは大変不幸なことであった。幸い、関鍵先生とその同僚が「中国古動物」という本を出版するために多くの努力を払い、研究者たちの成果と、中国の先生化石の精粋をこの一冊に集めた。このすばらしい本が読者に多くの知識と示唆を与えると信じている。

尤玉柱

"化石" 雜誌編集者

中国科学院古脊椎動物・古人類研究所

1998 年 1 月

PREFACE

Although the study of ancient Chinese faunas began less than one hundred years a-go, the wide variety of localities and sediments have provided a tremendous impetus to the development of this research focus.

The abundance of animal fossils found in China places China in the top ranks of fossil producing countries. These fossils include almost all classes, orders and fami-lies found to exist in the historical record. It is amazing how many complete skele-tons exist and how complexity they describe the evolutionary process of life. It is no wonder that these fossils have attracted so much scholarly attentions.

Viewing these colorful fossils, it is not obvious how difficult the evolution process is. Over time, the world has undergone great changes, and the living encountered much misfortune. However, life continues to evolve.

As valuable treasures and non-renewable resources, fossils can solve unfathomable enigmas. For so many years, it has been unfortunate that a well-illustrated book on ancient animals in our large country has not been available. We are very happy that Mr. Guan Jian and his colleagues have spent consid-erable efforts to publish this book named *The Fossil Animals of China*. Included are the achievements of many scholars and highlights of Chi-na's fossils. I believe this wonderful book will give readers a great deal of knowledge and newest information to ponder.

You Yuzhu
Chief Editor, *Fossils*
Research Professor, IVPP
January, 1998

目　錄　　　　　目　次

編者的話	著者のことば
古無脊椎動物	無脊椎動物化石
澄江動物群	澄江動物群
中國古無脊椎動物特有屬名錄	中国特有の無脊椎動物化石
其他古無脊椎動物	その他の無脊椎動物化石
中國古脊椎動物研究史略	中国古脊椎動物研究小史
古魚和古兩棲動物	魚類と両生類化石
古爬行動物	爬虫類化石
古鳥	鳥類化石
古哺乳動物	哺乳類化石
古猿與古人類	霊長類と人類化石
中國現生動物區係分佈圖	中国の現生動物の分布
野外考察	野外調査
中國古脊椎動物學工作者名錄	中国の古脊椎動物研究者リスト
中國古哺乳動物化石主要地點	中国の哺乳類化石の主要産地リスト
中國收藏和研究古脊椎動物化石的單位	中国の古脊椎動物化石の研究組織と保管場所のリスト
索引	索引
致謝	謝辞

Contents

Author´s Words   7

Fossil Invertebrates   8

    Chengjiang Fauna   10

    A Listing of Endemic Genus of Fossil-Invertebrate of China   17

    Other Invertebrate Fossils   18

A Brief History on the Research of Paleovertebrate in China   26

Fossil Fish and Amphibians   30

Fossil Reptiles   40

Fossil Birds   100

Fossil Mammals   108

Fossil Apes and Men   162

The Distribution of Living Animals in China   172

Field Expedition   174

A Listing of Vertebrate Paleontologists in China   188

A Listing of Principal Localities of Mammalian Fossils in China   190

A Listing of Chinese Organizations Studying and Storing Vertebrate Fossils   192

Index   193

Acknowledgement   196

編 者 的 話

事實上，我們是絕對無法把所有在中國發現的化石動物收入於一本二百頁的畫冊中的，尤其中國是世界上少數幾個古生物化石蘊藏最豐富的國家之一。

在生命近 35 億年的漫漫歷史長河里，人類的出現只是在最近的一瞬間。此前，數以萬萬計形態各異的動物在這個星球上生息、繁衍，它們都曾是這個星球的主人。

十多年前，當我在寧夏回族自治區同心丁家二溝中新世中期的地層里，首次發現了保存得極其完整的板齒象、庫班豬和堊齒犀化石骨架時，就萌發有朝一日編輯出版一本中國的古動物畫冊，以大幅精美的照片向世人展示中國豐富的古動物資源。

近年來，許多轟動世界的新發現重寫了生物進化的歷史。寒武紀早期生物大爆炸的證據——澄江動物群；5.8 億年前最早生物群在貴州的發現；眾多的恐龍化石的發現；遼寧早期鳥類化石的發現和熱河動物群的研究；西北地區新第三紀哺乳動物群的發現與研究；和縣、湯山早期人類化石的發現等，這些發現爲目前苦於經費匱乏的古生物學研究重燃光明和希望之火。但願借助這本畫冊能將這些發現介紹給國內外廣大公眾。在百年古生物學研究史中，很多物種的分類位置，已隨着人們認識的深化和新材料的發現而幾經變化。在本書中亦存在這樣的現象，特別是那些最新的發現，有待於我們進一步的工作。

我深知，這第一本全彩色化石集只是初步嘗試，如果以其作爲中國古動物的第一集，我期望今后會有續集問世。

這本畫冊中的部分材料將參加 1998 年 3 月在美國費城舉辦的 "世界恐龍博覽會" 和 1998 年 12 月在日本琵琶湖博物館舉辦的 "東亞古生物特展"，願以此畫冊的出版預祝兩展覽成功!

願將此畫冊獻給所有曾爲中國的地質古生物事業奮斗過的前輩和同仁!

關鍵
1998 年元月

著者のことば

200ページの本の中で、わが国で発見されたすべての化石について語るのは難しいことです。中国は化石を豊富に産出する、世界有数の国だからです。地球の歴史において、ヒトの出現はごく最近のことです。膨大な数の動物が地球の歴史の中で出現し、放散し、そして進化しました。それらは、いつも地球の主人公でした。かつて私が初めて保存のよいシヤベルゾウ、原始的なエラスモテリウム類に属するサイ、巨大な角を持ったイノシシ（約10 年前に中国北部の寧夏回族自治区同心丁家二溝の中新世中期の堆積物の中から発見された）を発見して以来、中国の古代の動物のカラー写真集を出版するのが私の夢でした。この本は、中国の豊富な化石と世界でも最もすばらしい発見のいくつかを紹介しています。

近年、中国から画期的な発見が、進化の歴史を書きかえています。ここで紹介しているカンブリア紀前期の澄江動物群（貴州省で発見された5.8 億年前の最も古い動物群）の生物放散の証拠、中国の様々な地域からの豊富な恐竜化石、遼寧からの古代の鳥、中国西北部からの中新世哺乳類の発見と研究、巫山人や湯山人のような新しい人類化石の発見などがそれです。これらの発見は研究者に一條の光をもたらします。また、この本が進化の歴史を楽しむ人々の喜びにもなればと思っています。

私はこの本は始まりに過ぎないと思っています。これを「中国古動物」の第一集とするなら、今後も続集を世に送り出したいと望んでいます。

この本の化石のいくつかは、1998 年 3 月にペンシルバニア州のフィラデルフィアで開催されるダイノフエス'98や日本の琵琶湖博物館での東アジアの動物相に関する企画展で展示されます。この本がこの2つの展示の成功に一役買うことができれば幸いです。

この本を、古生物学の発展に努力してきた世界中の人々に贈ります。

関鍵
1998 年元月

Author´s words

It is difficult to include all the fossils found in this country into a 200 page book, especially since China is one of the few countries with such abundant fossils. In earth´s history, the appearance of man is but a moment in time. Millions and millions of animals originated, radiated, and evolved during the history of this globe. They have always been the masters of the earth. Ever since I firstly found the well–preserved skeletons of a shovel–tusked elephant; the primitive elasmotherid rhino and a huge horned pig (from the middle Miocene sediments in Tongxin, Ningxia about ten years ago, I have dreamed of publishing a color picture book of Chinese fossil animals, to present the abundant fossils of China and some of the most marvelous discoveries to the world.

In recent years, many revolutionary discoveries from China have been adding to and rewriting the history of evolution. Examples include evidence of the bio–explosion of early Cambrian–Chengjiang fauna; new discovery of earlist (580 million years ago) bio–fauna from Guizhou) abundant dinosaur fossils in different areas of China; ancient birds from Liaoning; discovery of and research on the Miocene mammals of northwestern China; and the new human fossil discoveries such as Hexian Man and Tangshan Man. These discoveries bring illumination and hope for paleontologists during a difficult time. I hope this book will present those discoveries to the people who enjoy evolutionary history.

I am well aware that this is the first ever color fossil atlas from China but I plan to work hard to make this just the first of several editions of Fossil Animals of China. Some of the fossils in this book will be on display at Dinofest ´98 in Philadelphia, and at the special exhibition on ancient animals from eastern Asia in Lake Biwa Museum, Japan. I hope this book will add to the success of these two exhibitions.

I present this book to all those people throughout the world who have helped improve our understanding of paleontology.

GUAN, Jian
January,1998

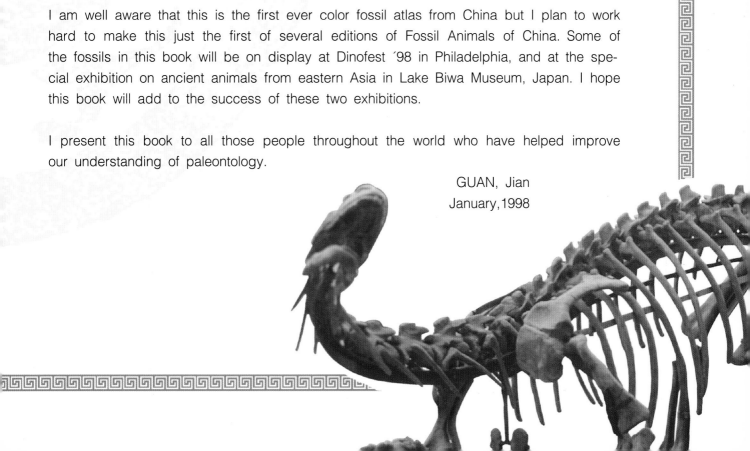

During the Cambrian period when the sea covered most of China, invertebrates became the prominent life forms. The trilobites、graptolites、corals、branchiopods and echinoids fossils were plentiful in the sediments of 570 million years ago. The Cambrian fauna from this country matches the rest of the India−Pacific Ocean area. The Redilichia, Amphoton, and Kaolishania trilobites dominated the Cambrian period in northern China while the Westergaardites were dominant in eastern China. During the Ordovician period, graptolite and nautiloids were the index species in north and eastern China, while Sinoceras became the index species in southern China. During Silurian and Devonian periods, few fossil evidence was left in the north because the land rose. However,

　　自寒武紀起，廣泛的海侵形成了以無脊椎動物爲主的時代，三葉蟲、筆石、珊瑚、鸚鵡螺、腕足類和棘皮動物達到了最繁盛時期。在中國，寒武紀動物群則屬于印度太平洋地區動物群，華北、東北、華中和西南以含有萊得利基蟲(Redlichia)、雙耳蟲(Amphoton)、長山蟲 (Changshania)爲特征；華東南、西北地區以含有韋氏蟲(Westergaardites) 爲特征。奧陶紀華北、東北以筆石灰岩和鸚鵡螺爲特點，華南以筆石頁岩和震旦角石 (Sinoceras) 爲特點。志留紀和泥盆紀，華北隆起爲陸，華南單筆石興起，珊瑚、腕足類大量繁育。中生代是菊石時代，瓣鰓類也十分繁盛。著名的產地有貴州關嶺、廣西凌樂、湖北大冶和四川廣元。新生代期間，無脊椎動物以有孔蟲類、軟體類、介形類爲主，較重要的地點有藏南岡巴、山東新泰、廣東南雄、湖南衡陽、內蒙古通古爾等地。

there were abundant fossils of monograptolites, corals and brachiopods preserved in southern China. The Mesozoic period was the age of Ammonites. Bivalves also flourished. Guanling of Guizhou, Lingle of Guangxi, Daye of Hubei, and Guangyuan of Sichuan in southern China are the richest invertebrate fossil localities of this stage in China. Since Paleocene, the fossils of foraminiferids and mollusk were very abundant in many localities in China including Gangba of Xizang, Xintai of Shandong, Nanxiong of Guangdong, Hengyang of Hunan and Tonggur of Neimenggu.

　中国のほとんどが海で覆われていたカンブリア紀の間、無脊椎動物は際だった生活形になった。三葉虫類・筆石・古代のサンゴ類・腕足類・棘皮類などの化石は、5億7000万年前の地層に豊富に含まれている。中国のカンブリア動物群は、インド・太平洋地域外のものに相当する。レデイリキア・アンフォトン・カオリシヤニアなどの三葉虫類は、中国北部でこの時期に繁栄していた。一方、ウエステルガ・デイテスは、中国東部で多く見られた。オルドビス紀には、筆石と鸚鵡螺、中国北部と東部を代表する種であった。シノケラスは中国南部を代表する種となった。

シルル紀とデボン紀には、北部で陸地が隆起し、あまり化石の証拠が残らなかったが、南部では単筆石・古代のサンゴ類・腕足類などの豊富な化石が保存された。これは中生代の菊石であった。菊石時代の化石も大変良く保存されている。中国南部の貴州省の関嶺・広西壮族自治区の凌楽・湖北省の大冶・四川省の広元は、中国におけるこの時代の最も豊富な無脊椎動物化石の産地であった。暁新世以來、有孔虫類、軟体類、介形類は、チベット自治区の岡巴・山東省の新泰・広東省の南雄・湖南省の衡陽・内モンゴル自治区の通古爾などの産地で多く産出された。

澄江動物群是近年來新發現的 5 億 3 千萬年前的古無脊椎動物群。這個動物群與發現於加拿大布爾吉斯特頁岩的寒武紀動物群相似，保存有大量極完好的古無脊椎動物化石。這些化石是在極爲特殊的環境中保存下來的。

The well-preserved Chengjiang Biota (530 million years ago) had been discovered lately. This biota, deposited in a special way, is very similiar to the one from Canada.

澄江動物群は近年新しく発見された5億3千万年前の古い無脊椎動物群である。この動物群は、とても特殊な環境下で保存されたもので、すばらしい無脊椎動物化石標本が得られており、いずれも学術的価値の極めて高いものである。カナダロッーの有名なバージェス頁岩の動物化石に匹敵すると考えられる。

馬鞍山遠景
View of Maanshan Hill.
馬鞍山の遠景

作者在馬鞍山化石點採集化石
Collection at fossil site of Maanshan Hill.
馬鞍山化石産出地での採集

帽天山近景
Fossil locality of Maotianshan Hill.
帽天山の近景

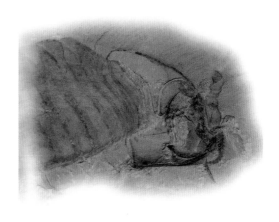

撫仙湖蟲
Fuxianhuia protensa Hou, 1987
フシアンフイア虫

銭包海綿
Crumillospongia Rigby, 1986
クルミロスポンギア(海綿類)

帽天山遠景
View of fossil site of Maotianshan Hill.
帽天山の遠景

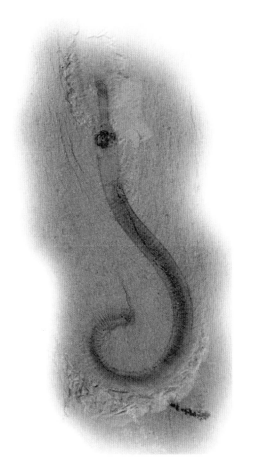

帽天山蟲
Maotianshania cylindria Sun and Hou, 1987
マオティアンシャニア(蠕虫類)

在帽天山採集化石
Fossil collection in Maotianshan Hill.
帽天山で化石を採集している

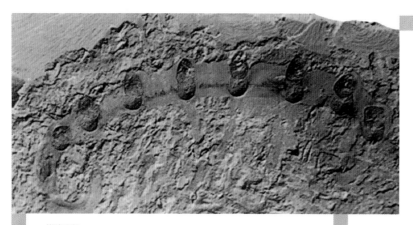

微綱蟲
Microdictyon sinicum Chen *et al.*, 1989
ミクロディクチオン虫

輪盤體
Rotadiscus grandis Sun et Hou, 1987
ロタデイスクス

怪誕蟲
Hallucigenia Morris, 1977
ハルシゲニア虫

櫛水母類
Ctenophorans
クテノフォラン

古虫
Vetulicola cuneatus Hou, 1987
ベタリコラ虫

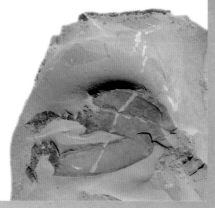

軟舌螺
Hgolithes striatellus Holm, 1993
フゴリテス

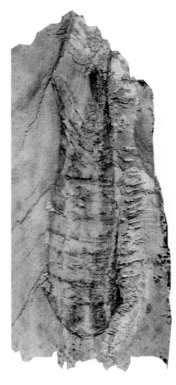

高足杯蟲
Dinomischus isolatus Morris, 1977
ディノミスクス虫

灰姑娘蟲
Cindarella eucalla
キンダレラ虫

刺節蟲
Acanthomeridion serratum Hou et al., 1989
アカントメリディオン虫

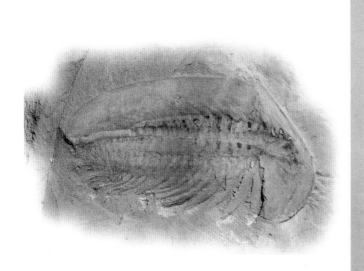

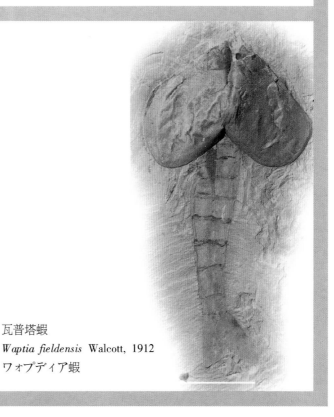

娜羅蟲
Naraoia compacta Walcott, 1912
ナラオイア虫

瓦普塔蝦
Waptia fieldensis Walcott, 1912
ワォプディア蝦

尖峰蟲
Jianfengia multisagmentalis Hou, 1987
ジアンヘンギア虫

武定蟲
Wutingaspis tingi Kobayashi, 1944
ウアチンガスピス虫

始萊得利基蟲
Eoredlichia intermedia Lu, 1941
イオレドリキア虫

撫仙湖蟲
Fuxianhuia protensa Hou, 1987
フシァンフイア虫

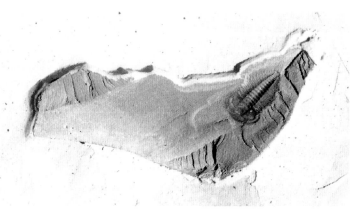

雲南頭蟲
Yunanocephalus Kobayashi, 1936
ユンナノケフアルス虫

節肢動物
Arthropod
節足動物

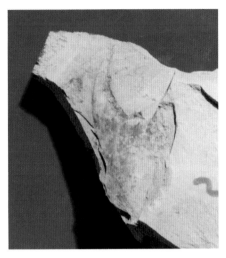

奇蝦
Anomalocaris canadensis Whiteaves, 1892
アノマロカリス

等刺蟲
Isoxys chichoweanus, Walcatt, 1890
イソックシス虫

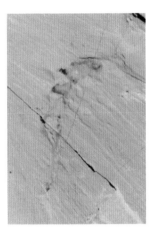

節肢動物
Arthropoda
節足動物

綱面蟲
Retifacies abnormalis Hou *et al.*, 1989
レチハシエス虫

節肢動物
Arthropoda
節足動物

始萊得利基蟲
Eoredlichia intermedia Lu, 1941
イオレドリキア虫

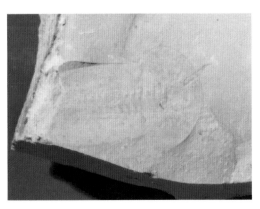

周小姐蟲
Misszhouia Chen *et al.*, 1996
ミスゾウイア虫

奇蝦
Anomalocaris canadensis Whiteaves, 1892
アノマロカリス

始蟲
Alalcomenaeus cambricus Simonetta, 1970
アラルコメナエウス虫

雲南蟲
Yunnanozoon lividum Hou *et al.*, 1991
ユンナノズン虫

中國古無脊椎動物特有屬名錄
A Listing of Endemic Genus of Fossil−Invertebrate of China
中国特有の無脊椎動物化石

三葉蟲
Trilobite
Redlichia
Shantungospis
Blackwelderia
Chuangia
Changshania
Kaolishania
Tungtzuella
Ningkianolithus
Birmanites
Calymenesun
Hammatocnemis
Miaopopsis
Taihungshania
Nankinolithus
Dalmanitina
Plytycoryphe

頭足類
Nautioids
Sinoceras
Yushanoceras
Tanshiceras
Jiangxiceras
Sichuanoceras
Orthodochmioceros

腕足類
Brachiopods
Acrothyris
Athyrisina
Aseptalium
Elymospirifer
Eochoristites
Emanuella
Eospiriferina
Eosophragmophora
Finospirifer
Glyptospirifer
Gondolina

Hunanoproductus
Hunanospirifer
Indospirifer
Kianagiella
Kwangsia
Kwangsirhychia
Laevicamera
Leioseptothyris
Lepidorthis
Marthinella
Nantanella
Otospirifer
Monticulifera
Parathyrisina
Sinorthis
Tenticospirifer
Urushtenoidea
Waagenoconcha
Tschernyshewia
Xenospirifer
Yunnanella
Yunnanellina
Spinomarginifera

筆石
Graptoletes
Tylograptus
Allograptus
Arienigraptus
Xiushuigraptus
Pseudozygograptus
Wuninograptus
Neodicellograptus
Jiangxigraptus
Diceratograptus
Tangyagraptus
Exigraptus
Paraglossograptus
Paraorthograptus
Parakidograptus
Yinograptus

四射珊瑚
Corals
Cystophrellites
Pseudouralinia
Cystoclisiophyllum
Eowentzelellites
Neolithostrotion
Hejianshanophyllum
Kueichowphyllum
Yuanophyllum
Sinodisphyllum
Pseudozaphrentes

床板珊瑚
Tubulata
Chia
Sinkaangopora
Pseudomultithecopora
Protomichelinaa
Protomichelinaa
Sinopora
Fuchunggopora
Shanxipora
Somphopora
Agetolites
Subagetolites
Heliolitella
Hayasakara
Sarcinula
Kueichowpora
Pseudoacaciapora
Palaeomichelinia
Cystomichelina
Multithecopora
Fuchungoporella
Mesosoleniella
Agetolitella
Ningqiangolites

其他古無脊椎動物
Other Invertebrate Fossils
その他の無脊椎動物化石

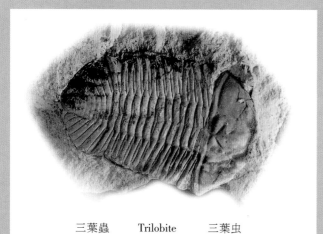

三葉蟲　　　Trilobite　　　三葉虫

合山假菲利普蟲　*Pseudophillipsia heshanensis* シユードフイリップシア
　　　　　　　　　Qian, 1977
二疊紀晩期　　　Late Permian　　　　　　ベルム紀
廣西合山　　　　Heshan, Guangxi　　　　広西壮族自治区 合山

凹溝島頭蟲弱溝亞種
奥陶紀早期
陝西漢中
Neseuretus concave tenellus Lu, 1975
Early Ordovician
Hanzhong, Shaanxi
ネセウレタス
オルドビス紀前期
陝西省 漢中

雲南中國神螺　　*Sinobellerophon yunnanensis* Yu, 1961
石炭紀早期　　　Early Carboniferous
雲南曲靖　　　　Qujing, Yunnan
シノベレロフオン
石炭紀前期
雲南省 曲靖

大槽子假帝王蟲　*Pseudobasilicus tatsaotzensis* Lu, 1976
奥陶紀晩期　　　Late Ordovician
雲南寧蒗　　　　Ninglang, Yunnan
シユードバシリクス
オルドビス紀後期
雲南省 寧蒗

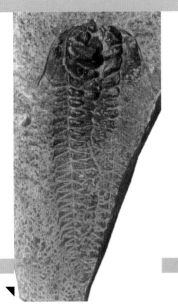

寬邊寬研頭蟲
志留紀
湖北 宜昌
Latiproetus latilimbatus
(Grabau), 1924
Silurian
Yichang, Hubei
ラテイプロエタス
シルル紀
湖北省 宜昌

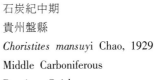

肥厚鶚頭貝
泥盆紀
雲南曲靖
Stringocephalus obesus Grabau, 1931
Devonian
Qujing, Yunnan
ストリンゴケファルス
デボン紀
雲南省 曲靖

小尾狀韋氏蟲　*Westergaardites pelturaeformis*　ウェスターガルデイテス
　　　　　　　Troedsson, 1937
寒武紀晩期　Late Cambrian　　　　　　カンブリア紀後期
新疆庫魯克塔格　Kuruktag, Xinjiang　　　新疆ウイグル自治区

満蘇分喙石燕▶
石炭紀中期
貴州盤縣
Choristites mansuyi Chao, 1929
Middle Carboniferous
Panxian, Guizhou
コリスタイテス
石炭紀
貴州省 盤県

七建闊石燕　*Euryspirifer qijianensis*　ユウリスピリファー
泥盆紀中期　Wang et al., 1974　　　　デボン紀中期
廣西象州　Middle Devonian　　　　　　広西壮族自治区　象州
　　　　　Xiangzhou, Guangxi

▶簾蛤科
上新世
遼寧錦州
Veneridae Rafinesque, 1815
Pliocene
Jinzhou, Liaoning
マルスダレイガイ類
鮮新世
遼寧省 錦州

斜長似殻菜蛤
侏羅紀晩期至白堊紀早期
西藏澤當
Inoceramus (Mytiloides) everesti Oppel, 1862
Late Jurassic — Early Cretaceous Zedang, Xizang
イノセラムス
ジユラ紀後期—白亜紀前期
チベット 沢当

笛管珊瑚
石炭紀早期
湖南湘鄉
Syringopora sp.
Early Carboniferous
Xiangxiang, Hunan
シリンゴポラ
石炭紀前期
湖南省 湘郷

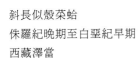

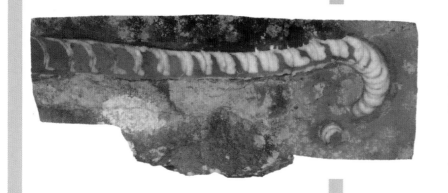

喇叭角石
奥陶紀中期
貴州松桃
Lituites sp.
Middle Ordovician
Songtao, Guizhou
リチュアイテス
オルドビス紀中期
貴州省 松桃

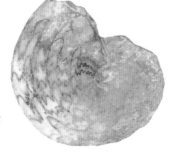

天祝窗格苔蘚蟲
石炭紀早期
甘肅天祝
Fenestella tienshuensis Yang et Loo, 1962
Early Carboniferous
Tianzhu, Gansu
フェネステラワ(苔虫)
石炭紀前期
甘肅省 天祝

寬臍假黑丁氏菊石
三疊紀早期
廣西田東
Pseudohedenstroemia umbilicata Chao, 1959
Early Triassic
Tiandong, Guangxi
シユードヘデンストレーミア
三疊紀前期
広西壮族自治区 田東

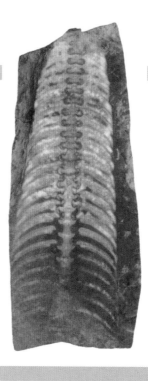

脊褶蛤
三疊紀晚期
雲南蘭坪
Myophoria (Costatoria) napengensis Healey, 1908
Late Triassic
Lanping, Yunnan
ミイオフオリア
三疊紀後期
雲南省 蘭坪

聶拉木鄂爾多斯角石
奥陶紀早期
西藏聶拉木
Ordosoceras nyalamense Chen, 1975
Early Ordovician
Nyalam, Xizang
オルドソセラス
オルドビス紀前期
チベット 聶拉木

下鎮反彎角石
奥陶紀
江西玉山
Antiplectoceras xiazhenense Zou, 1983
Ordovician
Yushan, Jiangxi
アンチプレトセラ
オルドビス紀
江西省 玉山

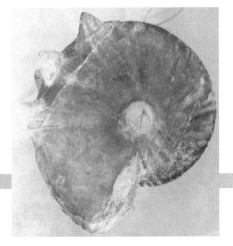

假梅德萊格里斯巴菊石
三疊紀晚期
西藏聶拉木
Griesbachites pseudomedleyanus Diener, 1908
Late Triassic
Nyaeam, Xizang
グリースバカイテス
三疊紀後期
チベット 聶拉木

多枝中華反向筆石
志留紀早期
四川南江
Sinodiversograptus multibrachiatus Mu et Chen, 1962
Early Silurian
Nanjiang, Sichuan
シノデイバーソグラトプタス
シルル紀前期
四川省 南江

許氏創孔海百合
三疊紀
貴州關嶺
Traumatocrinus hsui Mu, 1949
Triassic
Guanling, Guizhou
トラウマトクリヌス（ウミユリ）
三疊紀
貴州省 関嶺

黑緣華異蟒
Tessaromerus nigilimbosus
テソロメルス

室長足蜻蜓
Macromia zotheca
マクロミア

展毛蚊
Bibio expansuas
ベイビオ

雙色大葉蜂
Clavellaria bicolor
クラベラリア

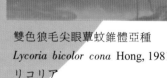

雙色狼毛尖眼蕈蚊錐體亞種
Lycoria bicolor cona Hong, 1981
リコリア

蟻科
古新世
遼寧撫順
Formicidae
Palaeocene
Fushun, Liaoning
アリ類
暁新世
遼寧省 撫順

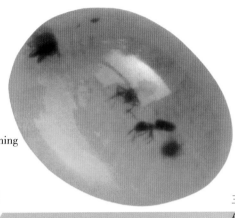

三尾類蜉蝣
侏羅紀晩期至白堊紀早期
內蒙古大靑山
Ephemeropsis trisetalis Eichwald, 1864
Late Jurassic to Early Cretaceous
Daqingshan, Neimenggu
エフェメロプシク
ジュラ紀後期―白亜紀前期
内モンゴル自治区

搖蚊科
古新世
遼寧撫順
Chironomidae
Palaeocene
Fushun, Liaoning
ユスリカ類
暁新世
遼寧省 撫順

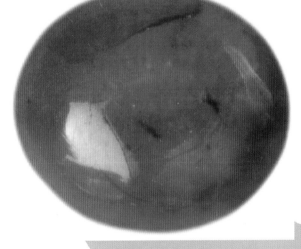

彎脈玉門蜚
白堊紀早期
甘肅玉門
Umenocoleus sinuatus Chen et Tan, 1973
Early Cretaceous
Yumen, Gansu
ウメノコレウス
白亜紀前期
甘粛省 玉門

蜻蜓目
侏羅紀晩期至白堊紀早期
遼寧北票
Odonata
Late Jurassic to Early Cretaceous
Beipiao, Liaoning
トンボ類
ジュラ紀後期―白亜紀前期
遼寧省 北票

A Brief History on the Research of Paleovertebrates in China

The first Chinese dinosaur skeleton was excavated from Jiayin of Heilongjiang at the beginning of the twentieth century and the American Expedition Team discovered many fossils in Neimenggu, Ningxia, Xinjiang, Qinghai, and Yunnan during the 1920's. But, it wasn't until 1927 that the Chinese scholar, Professor Yang Zhongjian(C. C. Young), wrote "The Rodent Fossils from Northern China", the first Chinese fossil vertebrate book.

Pioneer scholars at Zhoukoudian in 1934

In 1929, the establishment of the China Cenozoic Department and the discovery of the first skullcap of Peking Man from Zhoukoudian really opened the door for fossil vertebrate research in China. During the 1930's, Professor Yang Zhongjian reported the dinosaurs from Neimenggu, Mengyin of Shandong, Zigong of Sichuan and Lufeng of Yunnan and the fossil mammals from Yunnan, Guizhou, Sichuan, Shanxi, Hebei, Shandong, Henan, Shaanxi, Gansu, Ningxia and Neimenggu. Prof. Yang and Prof. Yuan Fuli studied *Lystrosaurus* fauna from Xinjiang. Prof. Pei Wenzhong studied mammals in Quarternary from many caves in Hebei and Guangxi. In spite of hardship during the Second World War, a few Chinese scholars made astonishing achievements. Prof. Yang Zhongjian and Prof. Pei Wenzhong studied mammals living during the time of Peking Man and published many works. During the 1940's, Prof. Yang reported prosauropod fauna and early mammals in Lufeng, Oligocene mammals in Gansu, Pleistocene mammals in Sichuan, fish and footprint fossils in Xinjiang. Research during the early twentieth century included almost all the main fields and blazed a trail for the study of Chinese fossil vertebrates. Prof. Yang Zhongjian, the father of Chinese fossil vertebrate zoology suggested that the emphasis in this field include the origination of fish, amphibians, reptiles, mammals and other fossils, the discovery of the missing links in the evolution of Chinese fossil vertebrates and the search for new fossil sites. To those days, all work follows this recommendation.

Prof. Yang Zhongjian
(C.C.Young)

Field work of pioneer vertebrate paleontologists

Prof. Pei Wenzhong
(W.C.Pei)

During the 1950's, Chinese scholars ran expeditions to study dinosaurs in Laiyang of Shandong, *Kannemeyeriidae* fauna in Yushe of Shanxi, early Tertiary mammals in Lunan of Yunnan, and Pleistocene mammals in Sanmenxia. A joint China-Soviet expedition team performed a large-scale excavation in Neimenggu and northwestern China. During the 1960's, a joint expedition team with many disciplines performed exploration and excavations in Turpan and Junggar Basin of Xinjiang, Nanxiong Basin of Guangdong, Lantian of Shaanxi. Secondary excavations were underway in caves of Guangxi and Zhoukoudian, Beijing. The important works of the 1970's included the excavation and study of Wuerhe *Pterosauria* fauna in Xinjiang, Shanwang *Lagomeryx* fauna in Shanwang of Shandong, Eocene–Oligocene fauna in Guangxi, *Hipparion* fauna in Jilong of Xizang, Silurian and Devonian fish in Yunnan and Guangxi, Mesozoic fish in north and east of China, and early Pleistocene fauna in Nihewang of Hebei.

Valuable discoveries and achievements covering many fields were made during the 1980's. The list includes the *Lufengpithecus* fauna in Lufeng of Yunnan, Paleocene mammals in Anhui, early mammals in Neimenggu, early fossil man in Yuanmou of Yunnan, and Devonian fish in China, as well as the "Red Stratum" in southern China and related vertebrate fossil investigation, Cenozoic research in Shaanxi, and the study of other Chinese ancients. During the 1990's, many important findings were made in the Three Gorge Dam. In addition, significant discoveries about birds

and fishes in west of Liaoning, Miocene mammals in Tongxin of Ningxia and Gansu, Tertiary mammals in Sanmenxia, small Chinese mammals, and Chinese *Hipparion* were made. Many joint expeditions by China–America, China–Canada, and China–Japan have extended scientific communication between the countries. As a result of unremitting efforts by four generations of scholars and seventy years of research on Chinese ancient vertebrates, China is one of the leading countries in the world in numbers of specimens, excavation and related publications. The future of this field in China is undeniably exhilarating. The day when the research of Chinese vertebate palaeontology reaches up to the top rank in the world can be expected soon.

The camp of the 1960 Sino–Soviet paleontological expedition in the Alxa area.

Sino–Canadian Dinosaur Project (CCDP) in Xinjiang

The expedition in Yunnan by Chinese and American Paleontologists.

Prof. Zhou Mingzhen and his Romer–Simpson medal

中國古脊椎動物研究史略

　　盡管本世紀初中國第一具恐龍在黑龍江嘉蔭出土，20年代美國中亞考察團在內蒙古、寧夏、新疆、青海、雲南發現大量化石，但由中國學者研究和第一部專著問世的是楊鍾健1927年的《中國北部之嚙齒動物化石》。

　　1929年中國新生代研究室的成立和周口店北京人第一頭蓋骨的發現，才眞正拉開中國古脊椎動物研究的帷幕。在極端困難和世界第二次大戰的條件下，中國僅有的幾個學者依然作出了令人欽佩的非凡業績。楊鍾健、裴文中研究了北京人伴生的哺乳類，發表了許多論著。

　　30年代，楊鍾健記述了內蒙古、山東蒙陰、四川榮縣、雲南祿豐的恐龍和雲貴川、晉冀魯豫、陝甘寧蒙的哺乳類；楊鍾健、袁復禮研究了新疆的水龍獸動物群；裴文中研究了河北、廣西諸多洞穴的第四紀哺乳類。40年代，楊鍾健報道過祿豐蜥龍動物群和早期哺乳類，甘肅漸新世、四川更新世哺乳類，以及新疆的魚類、足印化石等。本世紀前半葉的研究幾乎涉及了各主要門類，爲中國古脊椎動物研究的發展鋪出了坦途。

　　中國古脊椎動物學奠基者楊鍾健，自50年代起就提出這一學科的重點是魚類、兩棲類、爬行類、哺乳類、古人類的起源；中國古脊椎動物進化缺環的塡補；新化石層位的尋找。至今的許多工作都是在這一構思下進行的。

　　本世紀50年代，中國學者開展了山東萊陽恐龍、山西榆社武鄉肯氏獸動物群、雲南路南早第三紀哺乳類和三門峽更新世哺乳類的考察和研究；中蘇聯合考察隊在內蒙古和西北地區進行了較大規模的發掘。60年代，由中國多學科學者組成的考察隊分別在新疆吐魯番、準噶爾盆地，廣東南雄盆地、陝西藍田地區進行調查和發掘；廣西洞穴、北京人遺址的發掘再次進行。70年代重要的工作有新疆烏爾禾翼龍動物群、山東山旺柄杯鹿動物群、廣西田東田陽始一漸新世動物群、西藏吉隆三趾馬動物群、雲南、廣西志留一泥盆紀魚群、華北華東中生代魚群和泥河灣更新世早期動物群的發掘與研究。

　　80年代中國古脊椎動物在若干領域里取得了可貴的成果：祿豐古猿動物群、自貢恐龍動物群、安徽古新世哺乳類、內蒙古四子王旗早期哺乳類、雲南元謀古猿的發現，以及中國早期魚類研究、華南紅層及脊椎動物化石研究、陝西藍田新生界研究、中國古人類研究獲得了突破性進展。90年代三峽壩區、巫山猿人動物群、遼西鳥類魚類、寧夏同心哺乳類、三門峽第三紀哺乳類的考察與研究、西藏和橫斷山地區古脊椎動物考察研究、江蘇和山西等地曙猿動物群研究、中國小哺乳動物的研究和中國三趾馬的研究都有重要成果。中美、中加、中日恐龍聯合考察擴大了中國與各國在學術上的交往。

　　中國古脊椎動物研究歷70載經四代學者的不懈努力，成爲國際上標本擁有量、論文發表數、發掘次數較多的國家之一。中國古脊椎動物學發展的前景無疑是光明的。新一代學者把研究水平推向國際先進行列指日可待。

中国古脊椎動物研究小史

　中国最初の恐竜骨格は、今世紀のはじめに黒竜江省の嘉蔭から発掘された。1920年代には、アメリカの探検隊によって内モンゴル自治区、寧夏回族自治区、新疆ウイグル自治区、青海省、雲南省からたくさんの化石が発見された。中国の研究者によって書かれた最初の専門書は、1927年に楊鐘健教授 (C.C.Young) による "中国北部の齧歯動物化石" である。1929年には中国新生代研究室が設立され、周口店から北京原人の最初の頭蓋骨が発見された。これが、中国の古脊椎動物研究の実際の幕開けとなった。第二次世界大戦中の困難な時にも、何人かの中国の研究者はすばらしい業績を残した。楊鐘健教授と裴文中教授は北京人に伴って産出した哺乳動物を研究し、多くの成果を報告した。

　1930年代には、楊鐘健教授は内モンゴル自治区、山東省蒙蔭、四川省栄県、雲南省禄豊から恐竜を報告し、雲南省、貴州省、四川省、山西省、河北省、山東省、河南省、陝西省、甘粛省、寧夏回族自治区、内モンゴル自治区などから哺乳類化石を報告した。楊教授と袁覆礼教授は、新疆ウイグル自治区からのリストロサウルス動物群を研究し、裴文中教授は河北省と広西壮族自治区の多くの洞窟からの新生代哺乳類を研究した。1940年代には、楊教授は禄豊の古竜脚類動物群と初期の哺乳類、甘粛省の漸新世ならびに四川省の更新世の哺乳類、新疆ウイグル自治区の魚類化石と足跡化石を報告した。これら今世紀初期の研究は、主要な産地をほとんど含んでおり、中国の古脊椎動物の研究の道を築いた。

　中国の古脊椎動物学の創立者である楊鐘健教授は、中国のこの分野における重要な課題は、魚類、両生類、爬虫類、哺乳類そして人類の起源をさぐること、中国の古脊椎動物の進化において失われた鎖をつなぐこと、新しい化石層を探すことであると提唱した。今も、すべての研究はこの考えのもとに進められている。

　1950年代には、中国の研究者は調査隊を結成して、山東省萊陽の恐竜、山西省楡社のシノカンエメリア動物群、雲南省路南の第三紀前期の哺乳類、三門峡の更新世哺乳類などの研究をした。大規模な発掘は、内モンゴル自治区と中国北部での中国―ソビエト共同調査隊によって行われた。1960年代には、新疆ウイグル自治区のトルファン盆地とズンガル盆地、広東省の南雄盆地、陝西省藍田での多くの試練を経ながらの共同調査が行われた。広西壮族自治区の洞窟と北京の北京原人の遺跡では第二次発掘が行われた。1970年代になってからの重要な研究には、新疆ウイグル自治区烏爾禾のプテロサウルス動物群の研究、山東省山旺のラゴメリックス動物群、広西壮族自治区の始新世―漸新世動物群、チベット自治区吉隆のヒッパリオン動物群、雲南省と広西壮族自治区のシルル紀とデボン紀の魚類、中国北部と東部の中生代の魚類、河北省泥河湾の更新世前期の動物群などの発掘と研究がある。

　1980年代には、ルーフエンピテクス動物群、安徽省の暁新世の哺乳類、内モンゴル自治区の初期の哺乳類、雲南省班果の原人などのいくつかの分野で貴重な成果があがった。さらに、中国の初期の魚類、中国南部の赤色層、陝西省の新生代の研究や中国の古人類については、特に大きな進展があった。1990年代にも、三峡壩区、遼寧省西部の鳥類と魚類化石、寧夏回族自治区同心の中生代哺乳類、三門峡の第三紀哺乳類、小型哺乳類、ヒッパンリオンなどに関して多くの重要な成果があがった。中国―アメリカ、中国―カナダ、中国―日本による多くの共同調査は、国際的学術協力を深めた。

　70年間、4世代の研究者による、古脊椎動物研究のたゆみない努力の結果、中国は世界で有数の豊富な資料と発表論文がある国の一つになった。中国におけるこの分野の未来は、疑いなく明るい。新しい研究者は、まもなく世界の最先端の研究をすることが可能となるであろう。

The vertebrates appeared in the early Paleozoic age. The earliest vertebrates, the jawless mammals appeared in Ordovician and radiated in Silurian and Devonian. These Chinese jawless fossils are significant and famous throughout the world. They are found distributed mainly in southern China, southwestern China, and some of northwestern China. In late Paleozoic, the first animal left the water and land vertebrate life began. The fossils from the localities of Jiangyou of Sichuan, Qujing of Yunnan, Guangxi, Guizhou and Hubei Provinces have become some of the most famous examples of early fish evolution in the world. Other well-known fish fossil localities include western Liaoning, northeastern Hebei,

　　早古生代是中國脊椎動物發生、發展的重要時期。中國華南、西南和西北部分地區的晚古生代地層中含有數量大、保存好的無頜類、盾皮類和棘皮類化石，是研究早期魚類進化的重要區域，在國際上享有很高的聲譽。著名的地點有四川江油，雲南曲靖，廣西、貴州和湖北。中生代的魚類以狼鰭魚最爲有名，主要產地有遼西、冀東北、陝甘寧和閩浙。新生代的魚化石地點比較零散，較重要的有北京周口店、山東山旺、吉林等地。中國已發現的兩栖類化石較少，已知的僅有新疆、四川自貢兩個中生代地點和周口店、吉林、山旺的幾個新生代地點。

Shaanxi, Gansu, Ningxia and Zhejiang. The amphibian fossils found in China are rare: two Mesozoic localities in Xinjiang and Sichuan, some Neozoic localities in Zhoukoudian, Jilin and Shanwang have been reported.

内蒙古巴音滿都呼中生代化石點
Bayanmanduhu in Uradhoqi area, Neimenggu.
内モンゴル自治区バインマンダフ中生代化石の産地

　中国の脊椎動物は古生代の初期に出現した。最も初期の脊椎動物である無顎類は、オルドビス紀に出現し、シルル紀とデボン紀に放散した。中国の無顎類は世界の中で重要な意義があり、有名である。それらは、おもに中国南部、西南部、西北部から発見される。古生代後期には、水からあがった最初の動物が現れ、陸上脊椎動物の歴史が始まった。四川省の江油・雲南省の曲靖・広西壮族自治区・貴州省・湖北省の産地からの化石は、初期の魚類の進化において世界で最も有名な例となっている。その他のよく知られている魚類化石の産地には、遼寧省西部・河北省北部・中国西北部・浙江省などがある。これらの両生類から、最初の真の陸上動物である爬虫類が進化した。その証拠は、新疆ウイグル自治区・雲南省・四川省の自貢・山東省の山旺などから発見されている。魚類化石は、中国中で発見されており、両生類は山東省・内モンゴル自治区・新疆ウイグル自治区などで発見されている。

廣義的魚類包括無頜類、盾皮類、棘魚類、軟骨魚類和硬骨魚類。卵生或卵胎生，營水中生活。體多梭形。最早出現于奧陶紀。前三類出現較早，以泥盆紀最繁盛，到晚古生代多數已經絕滅。后二類出現于泥盆紀，至今仍很興旺。

Fish in a broad sense includes Agnatha, Placodermi, Acanthodii, Chondeichthyes and Osteichthys. They are oviparity and ovoviviparity animals and appeared as early as in Ordovician. The first three of them appeared early and were prosperous in Devonian and most of them became extinct in late Paleozoic. The second two of them appeared in Devonian and still prosperous now.

広い意味での魚類には、無顎類、板皮類・棘魚類・軟骨魚類・硬骨魚類が含まれる。それらは、水中生活を営む卵生或いは卵胎生の生物で、最も古いものはオルドビス紀に現れる。前の三種の出現は早く、デボン紀に繁栄し、その多くは古生代晩期に絶滅した。後の二種は、デボン紀に出現し、現在でも繁栄を続けている、古生代の魚類化石の多くは雲南省・貴州省・広西壮族自治区・湖南省で産出される。中生代の魚類化石は中国北部と南東部から広く産出され、新生代の分布は分散したものとなる。

廖角山多腮魚頭甲
泥盆紀早期
雲南曲靖
Polybranchiaspis liaojiaoshanensis
Liu, 1965
Cephalic shield
Early Devonian
Qujing, Yunnan
ポリブランキアスピスの頭甲
デボン紀前期
雲南省　曲靖

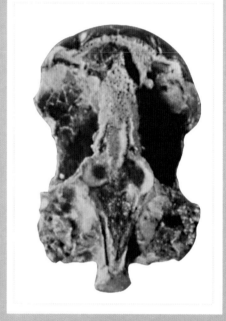

先驅楊氏魚　*Youngolepis praecursor*　センゴレピス
　　　　　　Chang et Yu, 1981
泥盆紀早期　Early Devonian　デボン紀前期
雲南曲靖　Qujing, Yunnan　雲南省　曲靖

小眼盤溪魚　*Panxiosteus ocullus* Wang, 1978　パンシオステウス
完整頭甲　Complete cephalic shield　完全な頭骨
泥盆紀中期　Middle Devonian　デボン紀中期
雲南華寧　Huaning, Yunnan　雲南省　華寧

頭甲與身軀　Cephalic shield　頭甲と軀甲　　　　　　　　　　背棘　Back crest　背棘

計氏雲南魚　　*Yunanolepis chii* Liu, 1963　　ユンナルピス
泥盆紀早期　　Early Devonian　　　　　　　　デボン紀前期
雲南曲靖　　　Qujing, Yunnan　　　　　　　　雲南省　曲靖

鍋頂山漢陽魚　*Hanyangaspis guodingshanensis* Pen et Liu, 1975　ファンヤンガスピス
頭胸甲　　　　Cephalic shield　　　　　　　　　　　　　　　　　　頭胸骨
泥盆紀早期　　Early Devonian　　　　　　　　　　　　　　　　　　デボン紀前期
湖北漢陽　　　Hanyang, Hubei　　　　　　　　　　　　　　　　　　湖北省　漢陽

長吻三歧魚　　*Sanqiaspis rostrata* Liu, 1975　　サンキアスピス
泥盆紀早期　　Early Devonian　　　　　　　　　デボン紀前期
四川江油　　　Jiangyou, Sichuan　　　　　　　　四川省　江油

桃樹園吐魯番鱈　*Turfania taoshuyuanensis*　トルファニア
　　　　　　　　　Liu et Ma, 1973　　　ペルム紀後期
二疊紀晚期　　　　Later Permian　　　　新疆ウイグル自治区
新疆吐魯番　　　　Turpan, Xinjiang　　　吐魯番(トルフアン)

粗紋長興魚　*Changxingia aspratilis* Wang et Liu 1981　チヤンシンギア
二疊紀晚期　Late Permian　　　　　　　　　　　ペルム紀後期
浙江長興　　Changxing, Zhejiang　　　　　　　浙江省　長興

鯉　Cyprininae　鯉

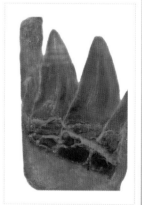

中華旋齒鯊
齒旋
二疊紀晚期
浙江長興
Sinohelicoprion changhsingensis Liu et Chang, 1963
Teeth
Later Permian
Changxing, Zhejiang
シノヘリコプリオン
歯旋
ペルム紀後期
浙江省　長興

東生溝鱗魚　*Bothriolepis tungseni* Chang, 1965　ボトリオレピス
頭甲與軀甲　Cephalic shield　　　　　　　　　頭骨と軀甲
泥盆紀中期　Middle Devonian　　　　　　　　デボン紀中期
雲南武定　　Wuding, Yunnan　　　　　　　　雲南省　武定

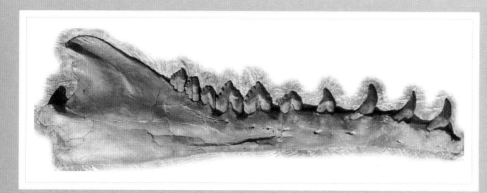

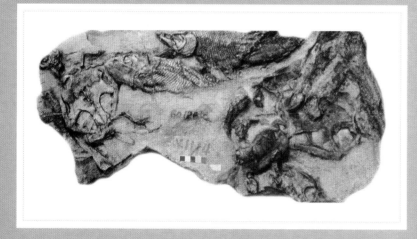

鯊魚下頜骨化石
The fossil of a shark lower jaw
サメの下顎骨の化石

烏魯木齊中華半椎魚
三疊紀中期
新疆烏魯木齊
Sinosemionotus urumchii Yuan et Koh, 1936
Middle Triassic
Ürümqi, Xinjiang
シノセミオノータス
三畳紀中期
新疆ウイグル自治区 烏魯木斉(ウルムチ)

師氏中華弓鰭魚　　　　　　シナミア
(與圓鏡中國龜)　　　　　(園鏡中国亀と)
侏羅紀晚期　　　　　　　　ジュラ紀後期
山東新泰　　　　　　　　　山東省 新泰
Sinamia zdanskyi Stensio, 1935
(together with *Sinemys lens* Wiman, 1930)
Late Jurassic
Xintai, Shandong

潘氏北票鱘　　　　　　　　ペイピアオステウス
侏羅紀晚期　　　　　　　　ジュラ紀後期
遼寧北票　　　　　　　　　遼寧省 北票
Peipiaosteus pani Liu et Zhou, 1965
Late Jurassic
Beipiao, Liaoning

渤海艾氏魚
始新世中期
山東、遼寧
Knightia bohaiensis
Middle Eocene
Shandong, Liaoning
クニグタイア
始新世中期
山東省　遼寧省

短頭魞
上新世早期
北京周口店
Barbus brevicephalus Chang, 1936
Early Pliocene
Zhoukoudian, Beijing
バルブス
鮮新世前期
北京市　周口店

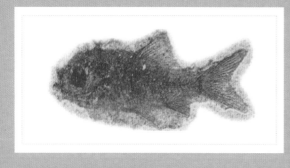

中新雅羅魚　　　　　レウキスス
中新世　　　　　　　中新世
山東山旺　　　　　　山東省　山旺
Leucisus miocenicus Young et Tchang, 1936
Miocene
Shanwang, Shandong

貪食吉林魚
白堊紀晚期
吉林前郭
Jilinichthys rapax Zhou, 1976
Late Cretaceous
Qianguo, Jilin
ジリンギクチス
白亜紀後期
吉林省　前郭

小齒固陽魚　　　クユンギクチス
白堊紀早期　　　白亜紀前期
內蒙古固陽　　　内モンゴル自治区　固陽
Kuyangichthys microdus Liu et al., 1982
Early Cretaceous
Guyang, Neimenggu

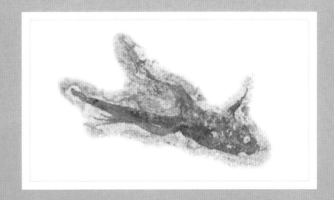

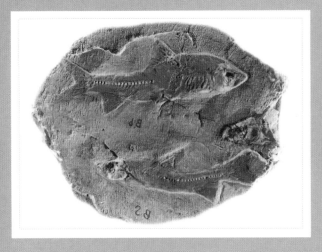

短頭魢
Barbus brevicephalus Chang, 1936
バルブス

大竹重慶魚　　*Chungkingichthys tachuensis* Su, 1974　　チユンキンイグチス
侏羅紀中期　　Middle Jurassic　　　　　　　　　　　　ジユラ紀中期
重慶大竹　　　Dazhu, Sichuan　　　　　　　　　　　　重慶市　大竹

戴氏狼鰭魚
侏羅紀晚期
遼寧凌源
Lycoptera david；(Sauvage), 1980
Late Jurassic
Lingyuan, Liaoning
リコプテラ
ジユラ紀後期
遼寧省　凌源

玄武蛙
中新世
山東山旺
Rana basaltica Young, 1936
Miocene
Shanwang, Shandong
ラナ(カエル類)
中新世
山東省 山旺

中新原蝾
中新世早期
山東山旺

Procynops miocenicus Young, 1965
Early Miocene
Shanwang, Shandong

プロキノプス
中新世前期
山東省 山旺

六道灣烏魯木齊鯢
二疊紀
新疆烏魯木齊
Urumqia liudaowanensi
Zhang 1984
Permian
Ürümqi, Xinjiang
ウルムチア
ペルム紀
新疆ウイグル自治区
烏魯木斉(ウルムチ)

扁頭中國短頭鯢
頭骨
侏羅紀中期
四川自貢
Sinobrachyops placenticephalus Dong 1985
Skull
Middle Jurassic
Zigong, Sichuan
シノブラキオプスの頭骨
ジュラ紀中期
四川省　自貢

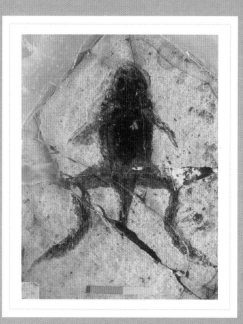

幼蛙
A metamorphic frog
幼いカエル

古爬行動物　Fossil Reptiles　爬虫類化石

The fossil reptiles and dinosaurs have been discovered all over China. The variety and abundance of the fossil reptiles have helped China become recognized as one of the most famous ancient reptile localities in the world. World-known localities include Nanxiong of Guangdong, Zigong of Sichuan, Turpan of Xinjiang, Lufeng of Yunnan, Erenhot of Neimenggu, Zhucheng of Shandong, and Jiaiyin of Heilongjiang. In recent years, more discoveries have been added to the list. These sites include the egg localities in

中國的古爬行動物如恐龍和龜等化石十分豐富，產地遍及全國。中國的恐龍化石類型多樣，在國際上占有重要地位。新疆吐魯番盆地的恐龍動物群、四川自貢的蜀龍動物群、雲南祿豐的祿豐龍動物群以及內蒙古二連浩特、山東諸城、黑龍江嘉蔭等產地的恐龍動物群均聞名于世。近年來河南淅川、西峽和湖北鄖縣一帶發現的面積大、種類全、數量多的恐龍蛋構成了國際古生物的一大奇觀。

恐龍的近親包括鱷類、魚龍、翼龍和似哺乳動物爬行類，在中生代一度繁盛。中國的主要地點有新疆準噶爾盆地、山西榆社、內蒙古阿拉善和廣東南雄以及西藏、雲南等地。

Xixia of Henan and Yunxian of Hubei.
Exotic reptiles such as turtles, flying reptiles and marine reptiles have been found in China for more than half a century. They have contributed immensely to our understanding of the life evo-

lution of ancient animals world–wide. These sites are mainly in Junggur of Xinjiang, Yushe of Shaanxi, Nanxiong of Guangdong, and many places in Neimenggu, Xizang, Yunan.

新疆五彩灣恐龍化石點
Wucaiwan Dinosaur Site in Xinjiang.
新疆ウイグル自治区の恐竜の化石産地五彩湾

　爬虫類の祖先は中国の中で発見されている。古代の爬虫類の多様性と豊富さによって、中国が世界で最も有名な古代の爬虫類の産地として認められるようになった。世界的に有名な産地としては、広東省の南雄、四川省の自貢、新疆ウイグル自治区のトルファン、雲南省の禄豊、内モンゴル自治区の二連浩特、山東省の諸城、黒竜江の嘉蔭などがある。近年の新しい発見は、リストにあげた。これらの場所には河南省の西峡と湖北省

の鄖県の卵の産地を含んでいる。竜類、翼竜類、魚竜類のようなやや風変わりな爬虫類も半世紀以上前から中国で発見されている。それらは、全世界的に古代の動物の進化を考えるうえで大変貢献している。産地としては、おもに新疆ウイグル自治区の準噶爾、山西省の楡社、広東省の南雄、内モンゴル自治区などがある。

中國恐龍化石的分佈圖
The Distribution of Dinosaur Fossils in China

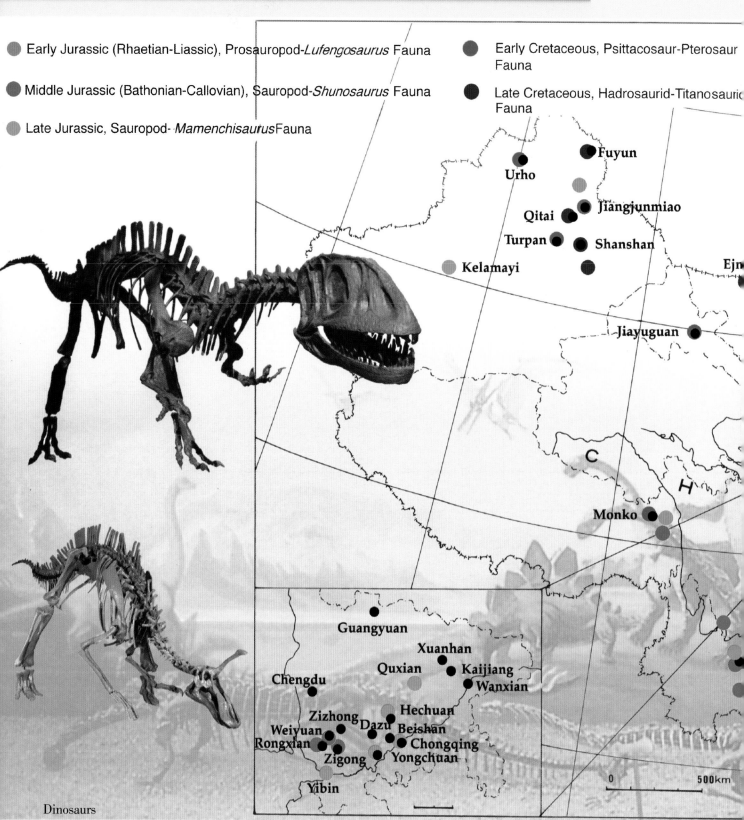

- Early Jurassic (Rhaetian-Liassic), Prosauropod-*Lufengosaurus* Fauna
- Middle Jurassic (Bathonian-Callovian), Sauropod-*Shunosaurus* Fauna
- Late Jurassic, Sauropod- *Mamenchisaurus* Fauna
- Early Cretaceous, Psittacosaur-Pterosaur Fauna
- Late Cretaceous, Hadrosaurid-Titanosauric Fauna

Fuyun
Urho
Qitai
Jiangjunmiao
Turpan
Shanshan
Kelamayi
Ejn
Jiayuguan
C
H
Monko

Guangyuan
Xuanhan
Quxian
Kaijiang
Chengdu
Wanxian
Hechuan
Zizhong
Dazu
Beishan
Weiyuan
Rongxian
Chongqing
Zigong
Yongchuan
Yibin

0   500km

Dinosaurs

We consider dinosaurs to be the strongest animals ever to domi-
nate the earth. These reptile relatives first appeared on the earth
220 million years ago (early late Triassic) and all became extinct
by the end of the Cretaceous period (65 million years ago). Up to
now, more than 800 species of dinosaurs have been named

worldwide. One of the richest countries in dinosaur remains is
undoubtedly China. In the past decades, more than one hundred
species of dinosaurs have been named and described in China
based on recent collections of skeletons, eggs and footprints. These
collections and research activities have developed an extensive un-

恐竜類

　恐竜はかつて地球を支配した最も強い動物であるといえる。これらの爬虫類は、2億2千万年前（トリアス紀後期の初期）に最初に出現し、6500万年前（白亜紀の終わり）に絶滅した。現在までに、800種以上の恐竜が世界中で名づけられた。中国は恐竜の最も豊富な国の一つとして類ない。中国において、この20年間で、骨格・卵・足跡のコレクションをもとにして100種以上の恐竜が名づけられ、記載された。これらのコレクションと研究活動によって、中国の恐竜動物群について様々なことがわかるようになった。これについては、重要な地質学的なあるいは古生物学的な出版物がたくさん出版されている。今日、恐竜化石とその卵の化石は、24のから省と自治区で発見されている。それは、北は内モンゴル自治区から、南は広東省、西はチベット自治区、東は山東省までである。中国は、世界的に見て確かに重要な恐竜化石産地の一つである。恐竜の化石は、内モンゴル自治区、四川省、雲南省、黒竜江省、山東省で特に多い。中国から発見された恐竜だけで、恐竜の進化史の主要な部分を書くことができる。

derstanding of dinosaur fauna in China. Today, dinosaur fossils and eggs have been discovered in 24 provinces of China, as far north as Neimenggu, as far south as Guangdong, as far west as Xizang, and as far east as Shandong. China is absolutely one of the most significant dinosaur fossil localities in the world. Di-nosaur fossils are especially abundant in Neimenggu, Sichuan, Yunnan, Xinjiang, Heilongjiang and Shandong. The dinosaurs discovered in China alone can write a major outline of the dinosaur evolution.

許氏祿豐龍	*Lufengosaurus huenei* Young, 1941	ルーフェンゴサウルス
侏羅紀早期	Early Jurassic	ジュラ紀前期
雲南祿豐	Lufeng, Yunnan	雲南省 祿豐

許氏祿豐龍是中等大小的原蜥腳類恐龍，頭較小，頸較長，后肢強大，能兩足行走。

Lufengosaurus was a medium-sized prosauropod with a small head, long neck and strong back legs, who could stand and walk on its hind legs. It ate vegetables and small animals.

ルーフェンゴサウルスは中型の古竜脚類で、小さな頭と長い首、強靭な後ろ足を持っており、直立して歩いて、植物と小型動物を食べていた。

許氏祿豐龍復原圖
An artist´s rendition of *Lufengosaurus huenei*.
ルーフェンゴサウルスの復元像

中國兀龍頭骨　　　　　ギポサウルスの頭骨

The skull of *Gyposaurus sinensis*, a small prosauropod like *Lufengosaurus*. This skull was found in the Dafang Basin, Guizhou Province.

この頭骨はルーフエンゴサウルスに似た小型の古竜脚類のものである。貴州省の大方盆地で発見された。

許氏祿豐龍頭骨

Skull of *Lufengosaurus huenei*.

ルーフエンゴサウルスの頭骨

許氏祿豐龍幼年個體

A juvenile *Lufengosaurus huenei*.

ルーフエンゴサウルスの幼年の個体

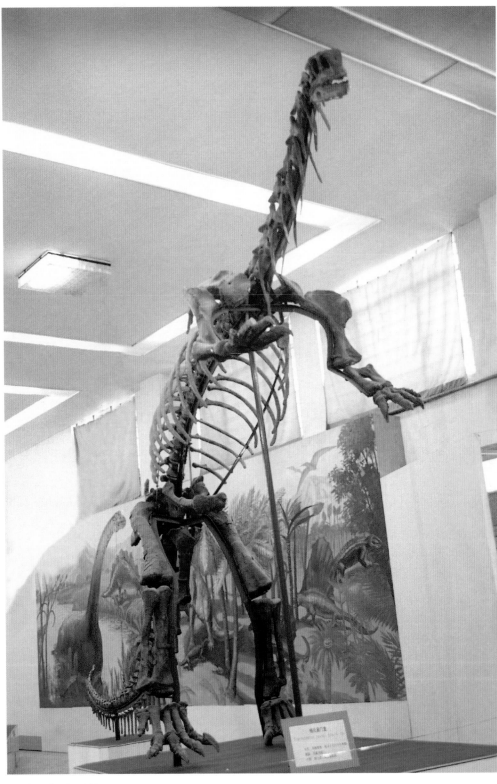

楊氏易門龍
侏羅紀早期
雲南易門
Yimenosaurus youngi Bai, 1995
Early Jurassic
Yimen, Yunnan
イメノサウルス
ジュラ紀前期
雲南省　易門

楊氏易門龍是發現于中國雲南的中到大型原蜥腳類恐龍，體長可達９米，身軀笨重。
This is a medium to large size prosauropod with a length up to 9 meters. The structure
of the skeleton indicates it a heavy dinosaur.
イメノサウルスは、体長9mの中型から大型の竜脚類である。骨格の構造から、重量
のある恐竜であったことがわかる。

巨型祿豐龍
侏羅紀早期
雲南祿豐
Lufengosaurus magnus Young, 1941
Early Jurassic
Lufeng, Yunnan
ルーフエンゴサウルス
ジュラ紀前期
雲南省 禄豊

巨型祿豐龍是身體較笨重的原蜥腳類植食性恐龍，后腿強壯，能兩足行走。

This is a large, heavy prosauropod that survived by eating vegetables. Its strong back legs enabled it to walk upright.

ルーフエンゴサウルスは古竜脚類で、草食恐竜である。頭は小さく、強靭な後ろ足を持っており、直立して歩いたと考えられる。

巨碩雲南龍	*Yunnanosaurus robustus* Young, 1941	ユンナノサウルス
侏羅紀早期	Early Jurassic	ジュラ紀前期
雲南易門	Yimen, Yunnan	雲南省　易門

巨碩雲南龍屬於衆多的原蜥腳類之列，發現於侏羅紀早期馮家嘴砂層中。　產地爲易門縣十街鄉腳家店。
This large prosauropod was discovered in the red sands of Fengjiazui Formation in Jiaojiadian,　Shijie of Yi-
men, Yunnan.
この大型の古竜脚類は、雲南省易門県十街郷脚家店の馮家嘴層の赤色砂層中から発見された。

新窪金山龍	*Jingshanosaurus xinwaensis* Zhang, 1994	ジンサンノサウルス
侏羅紀早期	Early Jurasssic	ジュラ紀前期
雲南祿豐	Lufeng, Yunnan	雲南省 祿豊

新窪金山龍是發現於雲南祿豐的原蜥腳類雜食性恐龍，身長 8.6 米，其頭骨是目前中國發現的最大最完整的原蜥腳類頭骨，頭長約 350mm，高約 200mm。

Jingshanosaurus xinwaensis is an omnivorous dinosaur in Lufeng Basin of Yunnan Province. It has a body length of about 8 meters. Its head is 350mm in length and 200mm in height. This is the most complete skull of prosauropod discovered in China.

ジンサンノサウルスは、雲南省の禄豊盆地で発見された雑食恐竜である。体長は約8m、頭骨の長さは350mm、高さは200mmである。これは中国で発見された古竜脚類の中で最も完全な骨格である。

雲南楚雄博物館外景
The Chuxiong Museum in Yunnan Province.
雲南省楚雄博物館の風景

玉溪博物館模型
The model of the new museum is being built in Yuxi, Yunnan Province. This museum is expected to open in the Spring of 1999.
玉溪博物館の模型　この新しい博物館は雲南省の玉溪に建設が進められている。1999年の春に開館予定。

雲南禄豊恐龍博物館
The Lufeng Dinosaur Museum of Yunnan Province.
雲南省の禄豊恐竜博物館

恐龍骨架圖
Dinosaur skeleton.
恐竜の骨格

雲南楚雄博物館牆上的金色恐龍壁畫
A mural of golden dinosaurs at the Chuxiong Museum in
Yunnan Province.
雲南楚雄博物館にある金色恐竜壁画

雲南楚雄博物館中的原蜥腳類恐龍
The prosauropods displayed in the Chuxiong Museum.
雲南楚雄博物館に展示されている古竜脚類恐竜

座落在恐龍山的祿豐恐龍博物館分館展出的埋藏狀態的恐龍
Lufengosaurus skeleton in the ground in the mountain exhi-
bition hall of the Lufeng Dinosaur Museum.
禄豊博物館の恐竜山分館に展示されている埋蔵状態の恐竜

陳列在雲南祿豐恐龍博物館中的恐龍骨架
Dinosaur skeletons in the Lufeng Dinosaur Museum of
Yunnan Province.
雲南禄豊恐竜博物館に展示されている恐竜の骨格

合川馬門溪龍
侏羅紀晚期
四川合川
Mamenchisaurus hochuanensis Young et Chao, 1972
Late Jurassic
Hechuan, Sichuan
マメンチサウルス
ジュラ紀後期
四川省 合川

合川馬門溪龍屬於大型蜥腳類恐龍，體長 22 米，肩高 3.5 米，頭小，頸長，頸幾乎占了體長的一半。它是亞洲最完整的蜥腳類恐龍骨架。正型標本保存在四川成都理工學院。

Mamenchisaurus hochuanensis is a large type of sauropod. Its skeleton is 22m long and 3.5m high. The long neck is about half size of the whole body. It is the most complete dinosaur skeleton in Asia. Original fossil is preserved in the Chengdu Institute of Science and Technology, Sichuan.

マメンチサウルスは、大型の竜脚類である。体長は22m、高さは3.5mである。その長い首は、体の約半分を占める。アジアで最も体長の長い恐竜である。原標本は四川省の成都理工学院に保管されている。

北京自然博物館后院雪地中的馬門溪龍及中外學者

The sauropod skeleton in the snow, with the scholars worldwide in the back yard of Beijing Natural History Museum.

北京自然博物館の裏庭でマメンチサウルスを観察する学者たち。

北京自然博物館庫房中的馬門溪龍新骨架

The new skeleton of *Mamenchisaurus* from Jingyan of Sichuan in the storage building of Beijing Natural History Museum.

新しいマメンチサウルスの骨格は北京自然博物館庫に保管されている

安岳馬門溪龍　*Mamenchisaurus anyueensis* He *et al.*, 1994　マメチサウルス
侏羅紀晚期　　Late Jurassic　　　　　　　　　　　　ジユラ紀後期
四川安岳　　　Anyue, Sichuan　　　　　　　　　　　四川省 安岳

安岳馬門溪龍原地埋藏
Mamenchisaurus anyueensis in the dirt.
マメチサウルスの埋蔵状態

蜥腳龍的牙
Sauropod teeth.

建設馬門溪龍
侏羅紀晚期
四川宜賓
Mamenchisaurus constructus Young, 1954
Late Jurassic
Yibin, Sichuan
マメンチサウルス
ジュラ紀後期
四川省 宜賓

建設馬門溪龍是一種小型的馬門溪龍，體長約 13 米，現保存於北京自然博物館。

A small species of *Mamenchisaurus* (sauropod) was found in Yibin of Sichuan. The specimen, with a body length of 13m, has been on display in Beijing Natural History Museum.

四川省宜賓で発見されたの小型のマメンチサウルスである。体長は13m。標本は北京自然博物館に展示されている。

竜盤目恐竜の歯

合川馬門溪龍的原始埋藏狀態
M. hochuanensis in the dirt.
マメンチサウルスの埋蔵状態

查干諾爾龍
白堊紀早期
內蒙二連浩特
Nurosaurus qaganensis Dong et Li, 1991
Early Cretaceous
Erenhot, Neimenggu
ヌロエオサウルス
白亜紀前期
内モンゴル自治区 二連浩特(エレンホト)

査干諾爾龍"訪問"亞特蘭大。
Nurosaurus qaganensis "visited" Atlanta, USA.
アメリカのジョージア州アトランタで展示されたヌロエオサウルス。

查干諾爾龍的肩胛骨
The scapula of *Nurosaurus qaganensis* displayed in Atlanta.
アメリカのジョージア州アトランタで展示されたヌロエオサウルスの肩甲骨

查干諾爾龍的股骨
The femur of *Nurosaurus qaganensis* on display.
ヌロエオサウルスの大腿骨

查干諾爾龍是一種巨大的蜥腳類恐龍,發現於二連浩特東南 65 公里的查干諾爾組地層中。這具骨架於 1994 年曾在美國展出。

This large sauropod was collected from Qagannur Formation, which is located 65km southeastern of Erenhot. This photo was taken at the hall of the Firmbank Museum, Atlanta in 1994 when displayed there.

この大型恐竜は、内モンゴル自治区 エレンホトから 南東に65km 離れた、査干諾爾層から採集された。この骨格は1994 年にアメリカで展示された。

天府峨眉龍　*Omeisaurus tianfuensis* He *et al.*, 1984　オメイサウルス

侏羅紀中期　Middle Jurassic　ジュラ紀中期

四川自貢　Zigong, Sichuan　四川省 自貢

天府峨眉龍屬一種較大型的蜥腳類恐龍，約 20 米長，發現于四川自貢大山鋪。

Omeisaurus is a kind of large sauropod. Four species have been discribed: *O. junghsiensis*, *O. fuxiensis*, *O. tianfuensis* and *O. luoquanensis*. *O. tianfuensis* (above) is over 20 meters long. The long neck consisted of 17 cervical vertebrates. It was discovered at the Dashanpu Quarry in Zigong of Sichuan.

オメイサウルスは大型の竜脚類である。体長は約 20m。四川省自貢大山鋪で発見された。

天府峨眉龍復原圖

The reconstruction of *Omeisaurus tianfuensis*.

オメイサウルスの復元図

釜溪峨眉龍	*Omeisaurus fuxiensis* Dong *et al.*, 1983	オメイサウルス
侏羅紀晚期	Late Jurassic	ジュラ紀後期
四川自貢	Zigong, Sichuan	四川省 自貢

釜溪峨眉龍是個體較小的蜥腳類，牙齒較多較小，齒冠低。

Omeisaurus fuxiensis is a small sized sauropod. Its skull is small and jaws bear more but smaller teeth.

オメイサウルスは比較的小さな竜脚類で、顎には小さな歯が密生している。

恐龍生態景觀
The reconstruction of Chinese dinosaurs.
恐竜の生態図

李氏蜀龍　　*Shunosaurus lii* Dong *et al.*, 1983　　シュノサウルス
侏羅紀中期　　Middle Jurassic　　ジユラ紀中期
四川自貢　　Zigong, Sichuan　　四川省 自貢

蝶龍椎體
Vertebrate of *Hudiesaurus sinojapanorum.*
フディエサウルスの椎骨

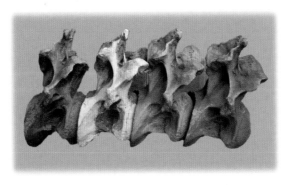

中日蝶龍椎體
Vertebrate of *Hudiesaurus sinojapanorum* Dong, 1997
フディエサウルスの椎骨

蝶龍左前足
Left front foot of *Hudiesaurus sinojapanorum.*
フディエサウルスの左前足

李氏蜀龍原始埋藏
Shunosaurus lii in the dirt
シュノサウルスの埋蔵状態

李氏蜀龍頭骨
Skull of *Shunosaurus lii*
シュノサウルスの頭骨

李氏蜀龍是中等大小的蜥腳類恐龍，
體長約 11 米， 發現於四川自貢的侏羅
紀中期地層中。
A middle sized sauropod with a length
of 11m, found in Zigong of Sichuan.
四川省自貢のジユラ紀中期地層から発
見された、体長 11m の中型の竜脚類。

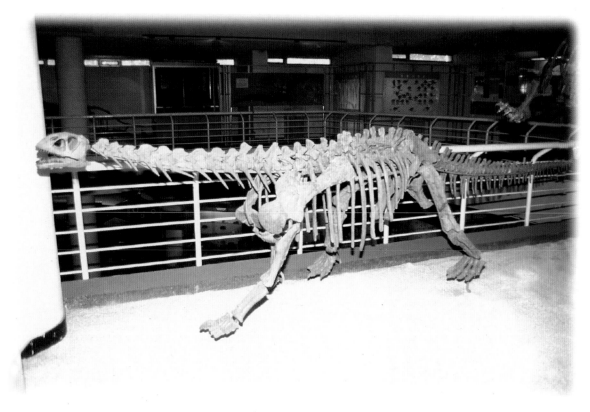

蘇氏巧龍　　　　*Bellusaurus sui* Dong, 1986　ベルサウルス
侏羅紀中期　　　　Middle Jurassic　　　　　ジュラ紀中期
新疆準噶爾盆地　Junggar, Xinjiang　　　新疆ウイグル自治区
　　　　　　　　　　　　　　　　　　　　準噶爾 (ジユンガル)

蘇氏巧龍是一種小型勺齒型蜥脚類恐龍，身體結構輕巧，生活於沼澤湖泊地區，以植物爲食。

It was a small sauropod with spoon shaped teeth. The body of these animal was slim and gentle. It lived around marsh and lake area.

この恐竜は、スプーン状の歯をもった小型の恐竜である。湿地や湖畔に棲んでいたと考えられている。

耙齒納摩蓋吐龍牙齒
白堊紀晚期
廣東南雄
Teeth of *Nemegtosaurus pachi*　ネメグトサウルスの歯
Late Cretaceous　　　　　　白亜紀後期
Nanxiong, Guangdong　　　広東省 南雄

巴山酋龍是一種大型原始蜥腳類恐龍，牙齒勺形。頭大而重，古生物學家稱其為"大頭龍"。

Datousaurus bashanensis is a large sized prosauropod, with spoon shape teeth and a big heavy head, Palaeontologists called it "big head dinosaur".

このダトサウルスはスプーン状の歯と大きな重たい頭を持った、大型の竜脚類である。古生物学者は"大頭竜"と呼んでいる。

巴山酋龍
下頜骨
侏羅紀中期
四川自貢
Datousaurus bashanensis Dong et Tang, 1984
Lower jaw
Middle Jurassic
Zigong, Sichuan
ダトサウルス
ジユラ紀中期
四川省　自貢

一種原始蜥腳類牙齒，與巴山酋龍 的牙齒非常相似。

Teeth of a primitive sauropod, it was from the middle Jurassic Chaya Group. They closely resemble those of *Datousaurus* from the Sichuan Basin.

古竜脚類の歯はダトサウルスの歯とよく似ている。

巴山酋龍的頸椎，產自四川自貢大山鋪侏羅紀中期地層

A neck vertebrate bone of *Datousaurus bashanensis* from Dashanpu in Zigong of Sichuan.

四川省自貢大山鋪で発見されたジユラ紀中期のタトサウルスの頸椎

巴山酋龍的薦椎

The scal vertebrae of *Datousaurus bashanensis* from Zigong of Sichuan.

四川省自貢から発見されたタトサウルスの仙椎

雲南祿豐盆地發現的這具近乎完整的雙崤龍化石骨架，與北美的雙崤龍十分相似。它體長6米，頭骨保存十分完好，頂部聳起一對高崤，是祿豐動物群中的捕食者。在昆明附近的晉寧縣，曾發現雙崤龍和雲南龍的骨架糾纏在一起，可能是在爭鬥中雙雙死亡。

This mostly complete skeleton of *Dilophosaurus sinensis* collected in Lufeng Basin appears to resemble the *Dilophosaurus* found in North American. This animal measures some 6 meters long. With a double crest on the top, the skull was preserved in very good condition. As a predator of Lufeng prosauropods, one skeleton of *Dilophosaurus* was discovered interlocked with the skeleton of *Yunnanosaurus* in the Jinning Basin near Kunming. This unique discovery might indicate that the predator and the prey died together during a struggle.

この雲南省禄豊盆地から出土したほぼ完全な双崤竜化石骨格は北アメリカのディロフォサウルスと非常によく似ている。体長は6m、頭骨の保存状態もよく、頭頂部には一対の稜がある。禄豊動物群の中の捕食者の地位にあった、昆明に近い晉寧県で見フかってディロフォサウルスとユンナノサウルスの骨が折り重なって産出したが（下図）、これは戦っている間に両者共に死んだものと考えられる。

中國雙崤龍的頭骨
The skull of a *Dilophosaurus sinensis*.
ディロフォサウルスの頭骨

中國雙嵴龍　　*Dilophosaurus sinensis* Hu, 1992　　デイロフォサウルス
侏羅紀早期　　Early Jurassic　　　　　　　　　　　ジュラ紀前期
雲南祿豐　　　Lufeng, Yunnan　　　　　　　　　　雲南省　禄豊

手鬥中的雙嵴龍與雲南龍埋藏狀態
A skeleton of *Dilophosaurus* and a *Yun-nanosaurus*, —fought and buried together.
戦っているデイロフォサウルスとイウンナンサウルスの埋蔵状態

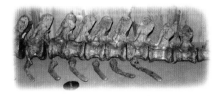

雙嵴龍尾椎
The tail of *Dilophosaurus*.
デイロフォサウルスの尾椎

中國雙嵴龍的前足
The front feet of *Dilophosaurus sinensis*.
デイロフォサウルスの前肢の足

中國雙嵴龍的后足
The hind feet of *Dilophosaurus sinensis*.
デイロフォサウルスの後ろ足

將軍廟單嵴龍
侏羅紀中期
新疆準噶爾
Monolophosaurus jiangi Zhao et Currie, 1993
Middle Jurassic
Junggar, Xinjiang
モノロフォサウルス
ジュラ紀中期
新疆ウイグル自治区　準噶爾(ジエンガル)

單嵴龍是一頭骨碩大的中等大小的獸腳類，頸椎 9 個，背椎 14 個，尾椎 45 個，它是侏羅紀凶猛的食肉動物，身長 7 米，站高 3.5 米，可能生活在距河岸較近的丘陵地帶。

Monolophosaurus is a medium sized theropod with a large head. The upper jaw and mandible are narrow and robust. The skull can easily be distinguished from all other theropod genera, because there is a low but prominent medial crest extending from the bridge between the orbits.

モノロフォサウルスは、大きな頭を持った中型の獣脚類であった。頭骨と下顎は細長く頑丈である。頭骨は全ての他の獣脚類と容易に区別することができる。なぜなら、その頭骨は眼窩の間にトサカ状の骨があるからである。

將軍廟單嵴龍頭骨
The skull of *Monolophosaurus jiangi*.
モノロフォサウルスの頭骨

建設氣龍
侏羅紀中期
四川自貢
Gasosaurus constructus Dong et Tang, 1985
Middle Jurassic
Zigong, Sichuan
ガソサウルス
ジュラ紀中期
四川省 自貢

氣龍是一類體形中等的肉食恐龍，身長約 3.5 米，高 2 米，前肢強壯靈敏，爪子尖銳有力，行動敏捷，是蜀龍動物群中的掠食者。

Armed with a pair of powerful hind legs and massive claws, the *Gasosaurus* was an active predator of *Shunosaurus* fauna. This skeleton, found in Dashanpu, Zigong, is a medium-sized, carnivorous dinosaur about 3.5m in length.

ガソサウルスは、強力な後ろ足と一対の爪を持ったシユノサウルス動物群の活動的な捕食者であった。四川省自貢で発見されたこの恐竜は体長約3.5mの中型の肉食恐竜である。

建設氣龍的牙齒
The teeth of *Gasosaurus constructus*.
ガソサウルスの歯

四川自貢和平地區發現的一具永川龍骨架
A skeleton of *Yangchuanosaurus* from Heping of Zigong, Sichuan.
ヤンチュアノサウルスの発掘現場

巨型永川龍
侏羅紀晚期
四川自貢
Yangchuanosaurus magnus Dong *et al.*, 1983
Late Jurassic
Zigong, Sichuan
ヤンチユアノサウルス
ジユラ紀後期
四川省 自貢

巨型永川龍與上游永川龍發掘於同一地層。它身長 9 米，比上游永川龍長 2 米。永川龍是馬門溪龍動物群中最典型的食肉類。除了捕食小型的鳥腳類恐龍外，它們有時也會攻擊大型的劍龍甚至蜥腳類。

Yangchuanosaurus magnus shares the same genus with *Yangchuanosaurus shangyouensis* and was excavated from the same formation. Two meters longer than the latter, *Y. magnus* measures up to 9 meters in length. As the largest predator in *Mamenchisaurus* fauna, it is thought to have attacked small–sized ornithopods and some times even large prey such as *Stegosaurus* or sauropod dinosaurs.

センチユアノサウルス・マリメスとヤンチユアノサウルス・サンユエンは同属であり、同一の地層から発掘された。体長は9mで、ヤンチユアノサウルスは、馬門溪剣竜動物群中最大の食肉類である。小型の鳥脚類恐竜の他にも、時には剣竜や竜脚類のような大型の獲物さえも竜だと思われる。

中華盜龍頭骨
The skull of *Sinraptor(Yangchuanosaurus) hepingensis*
シンラプトルの頭骨

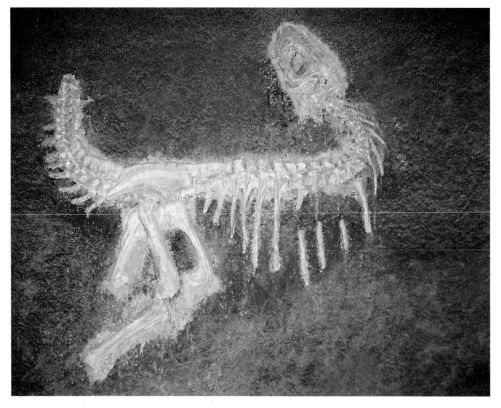

上游永川龍(原地埋藏)　　　*Yangchuanosaurus shangyouensis* Dong *et al,*　　ヤンチュアノサウルス(埋蔵状態)
　　　　　　　　　　　　　1978 (in the clay)

侏羅紀晚期　　　　　　　　Late Jurassic　　　　　　　　　　　　　　ジユラ紀後期

四川省永川縣上游水庫　　　Yongchuan, Sichuan　　　　　　　　　　　四川省　永川県上游ダム

上游永川龍是在中國發現的最完整的食肉類恐龍，1976年修建上游水庫的時候被發現。它的上下頜帶有匕首狀的牙齒，用以捕食獵物。

Yangchuanosaurus shangyouensis is a massive, 6.5 meter long megalosaur with powerful teeth and strong back legs. This specimen was found near the Shangyou Reservoir, Yongchuan of Sichuan.

ヤンチュアノサウルスは、強力な歯と後ろ足を持った、体長は6.5mのメガロサウルス類である。この標本は、四川省永川県の上游ダムの近くで発見された。

上游永川龍頭骨

The skull of *Yangchuanosaurus shangyouensis*.

ヤンチュアノサウルスの頭骨

上游永川龍在四川博物館里展出

Yangchuanosaurus shangyouensis in a museum of Sichuan.

四川省で展示されているヤンチュアノサウルス

採集自內蒙古阿拉善戈壁白堊紀早期地層中的
毛爾圖吉蘭泰龍上頜骨。

An upper jaw of *Chilantaisaurus martuensis*
Hu, 1964, collected from Alxa Gobi.

内モンゴル自治区阿拉善（アルシヤ）地区で
採集されたチランタイサウルスの上顎骨。

大水溝吉蘭泰龍足骨

A claw of *Chilantaisaurus tashuik-
ouensis* Hu, 1964

チランタイサウルスの足

七里峽宣漢龍肢骨，一種採集自四川宣漢
縣的侏羅紀中期的原始大型恐龍。

The limb of *Xuanhanosaurus qilixiaenesis*
Dong, 1984, a primitive middle Jurassic
megalosaur from Xuanhan County, Sichuan.

シユアンハノサウルスの肢骨。四川省宣
漢県で出土したジユラ紀中期の大型メガ
ロサウルス。

在準噶爾盆地發現的大型肉食性恐龍—石油克拉瑪依龍的下頜骨。

Found in Junggar Basin, Xinjiang, *Kelmayisaurus petrolicus* is a large-sized
carnivosaurus. The description of it was based on the fregments of lower jaw.

新疆ウイグル自治区で発見されたケルマイサウルスは、大型の肉食恐竜であ
る。この恐竜の記載は下顎の破片に基づいている。

甘氏四川龍　　*Szechuanosaurus campi*　　スーチアンサウルス
侏羅紀晚期　　Late Jurassic　　　　　　　ジュラ紀後期
四川廣元　　　Guangyuan, Sichuan　　　　四川省 広元

甘氏四川龍下頜骨
The lower jaw of *Szechuanosaurus campi.*
スーチアンサウルスの下顎骨

1942 年，楊鍾健根據所發現的 4 顆牙齒定名爲甘氏四川龍。32 年后，在自貢發掘到的這具近完整的骨架展現出這類凶猛強壯的食肉龍的面貌。它可與在北美洲發現的躍龍相比較。

Szechuanosaurus campi, was named based on 4 pieces of teeth by C. C. Young in 1942. Thirty-two years later, the discovery of a nearly complete skeleton in Zigong of Sichuan Basin finally showed appearance of this medium -sized, very frightening predator of late Jurassic.

この恐竜は1942 年に発掘され、4つの歯をもとに楊鍾健先生がスーチアンサウルスと名付けた。32 年後、四川省自貢では完全な骨格が発見され、人々の前に凶暴で巨大な肉食恐竜がその姿を現した。

火焰山鄯善龍頭骨
Skull of *Shanshanosaurus huoyanshanensis* Dong, 1977
シャンシャノサウルスの頭骨

火焰山鄯善龍耻骨
Pubis of *Shanshanosaurus huoyanshanensis.*
シャンシャノサウルスの恥骨

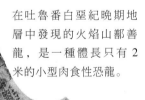

在吐魯番白堊紀晚期地層中發現的火焰山鄯善龍，是一種體長只有 2 米的小型肉食性恐龍。

Found in Turpan Basin, the *Shanshanosaurus huoyanshanensis* of late Cretaceous is a small flesh -eating dinosaur (2 meters long).

トルパン盆地の白亜紀後期地層から産出されたシャンシャノサウルスは体長 2m、小型肉食恐竜である。

原始川東虛骨龍
Chuandongocoelurus primitivus He, 1984
チュアンドンゴコエルルス

亞洲古似鳥龍
白堊紀晚期
內蒙古二連浩特

Archaeornithomimus asiatiicus Russall, 1977

Late Cretaceous

Erenhot, Neimenggu

アーケオルニトミムス

白亜紀後期

内モンゴル自治区　二連浩特(エレンホト)

體似鴕鳥，身長 3 米，高 1．8 米。頭骨小，口中無齒。前肢較細長，后肢較強壯。尾巴很長，幾乎超過體長的一半。雙足行走善奔跑，以昆蟲和植物果葉爲食。

Archaeornithomimus is a bipedal dinosaur like bird with a length of 3 meters. Its skull is small and has no teeth. Its long tail is about one half of its total body length. It ate insects and plants.

アーケオルニミムスはダチョウと似ている。体長は3m、高さは1.8mで頭は小さく，口に歯がない。

中華龍鳥	*Sinosauropteryx prima* Ji et Ji, 1996	シノサウロプテリックス
侏羅紀晚期	Late Jurassic	ジュラ紀後期
遼寧北票	Beipiao, Liaoning	遼寧省　北票

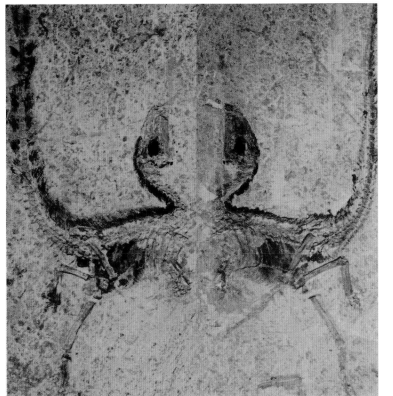

是鳥還是龍？

在遼寧省北票地區新發現的這件似鳥形化石，重新激起了鳥與恐龍之間的淵源關係的爭論。陰模 (右側) 現保存在中國地質博物館，陽模 (左側) 目前保存在中國科學院南京地質古生物所。關于這件標本的分類地位，一種觀點認爲它已經演變成最原始的鳥，而另一種觀點則認爲它仍舊是一個恐龍。無論如何，這只栩栩如生的似飛似奔的小動物，爲人們帶來了十分有趣的關于恐龍與鳥的新信息。

A bird or a dinosaur?

This bird-like fossil newly found in Beipiao, Liaoning Province, has rekindled the debate on the dinosaur-bird link. The negative (right) is now housed in the Geological Museum, Beijing and the positive (left) is stored in the Institute of Geology and Paleontology, Academia Sinica, Nanjing. Regarding to its classification, there are different opinions: if it had evolved into a primitive bird or it still was a dinosaur. Anyway, this lively flying-like or running-like small animal brings very interest massages to us.

遼寧省北票で発見された鳥様の新しい化石は、恐竜と鳥の関係についての議論を再燃させた。凹型 (右側) は北京の地質博物館に保管されており、もう一方の凸型 (左側) は中国科学院南京地質古生物研究所に保管されている。その分類学的な位置に関しては、これが原始的な鳥であるか、恐竜であるかの議論が続けられている。とにかく、この生き生きとした飛んでいるようにも走っているようにもみえる小型の動物は、大変興味深いメッセージを私たちにもたらした。

古爬行動物　Fossil Reptiles　爬虫類化石

巨型山東龍
白堊紀晚期
山東諸城
Shantungosaurus giganteus Hu, 1974
Late Cretaceous
Zhucheng, Shandong
シャントウンゴサウルス
白亜紀後期
山東省 諸城

在中國白堊紀晚期的恐龍群中，鴨嘴龍是分布廣泛、種類多樣的優勢類群體。一般認爲，鴨嘴龍生活在水邊，在陸上覓食，入水中休息，以逃避天敵。目前已在中國5個地點發現了鴨嘴龍化石。

The hadrasaurids were an abundant and varied group found during late Cretaceous period in China. Generally, hadrasaurids lived near water, foraging for foods on land and possibly resting in water. Now there are five known hadrasaurid sites in China.

ハドロサウルス類恐竜は、 中国の白亜紀後期から様々な種類がたくさん産出されている。一般的に、ハドロサウルス類は、水辺で生活し、陸上で食べ物を探し、休むときは水中にいた。中国では5カ所のハドロサウルス類の産地が知られている。

巨型山東龍是目前世界上最大型的鴨嘴龍，體長達 15 米,它的頭碩大，低窄，齒列總計有 60 到 63 個齒槽，採集于山東諸城縣的王氏組地層中。 一具完整的復原骨架目前保存在北京的地質博物館中。

Shantungosaurus giganteus is the largest known hadrasaurid in the world. It is 15 meters long, bearing 60~63 vertical tooth grooves in the denteny. The original fossil is currently housed in the Geological Museum of China.

シャントウンゴサウルスは現在見つかっているハドロサウルス類で最大型である。体長は15m、頭骨は長く、後部は幅が広く高くなっている。歯列に歯が60～63個かある。山東省諸城県の王氏地層組から発見された。復元された骨格は北京地質博物館に保管されている。

巨型山東龍的脊椎骨
Vertebrates of *Shantungosaurus giganteus*.
シャントウンゴサウルスの脊椎骨

巨型山東龍發現地
The discovery site of *Shantungosaurus giganteus*.
シャントウンゴサウルスの産地

74

保存在中國科學院古脊椎動物與古
人類研究所的棘鼻青島龍骨架
Tsintaosaurus spinorhinus in IVPP.
中国科学院古脊椎動物研究室に保
管されているチンタオサウルスの
骨格

棘鼻青島龍復原圖
The reconstruction of *Tsintaosaurus spinorhinus*.
チンタオサウルスの復元図

棘鼻青島龍
白堊紀晚期
山東萊陽
Tsintaosaurus spinorhinus Young, 1958
Late Cretaceous
Laiyang, Shandong
チンタオサウルス
白亜紀後期
山東省 萊陽

棘鼻青島龍是根據它顱前一個垂直豎
立的中空棘骨而命名的。 關于鴨嘴龍頭
棘的作用歷來是有爭議的。 棘鼻青島龍
發現於山東白堊紀晚期的王氏組地層中。

Tsintaosaurus spinorhinus was named
based on a long, vertical hollow
front part of the skull. The function
of the spike is still debated.

チンタオサウルスは頭骨上に垂直に立った棘状
の突起があり、これは鼻骨が変形したもので、こ
れによりこの名がつけられた。チンタオサウル
スは山東省王氏組地層から発見された。

75

滿州龍的牙齒
The teeth of *Mandschurosaurus amurensis.*
マンチユロサウルス

這具完整的滿州龍化石骨架不幸在一次火災中被燒毀。
Unfortunately, the nearly complete skeleton of *Mandschurosaurus amurensis* Riabinin, 1930　was damaged in a fire.
不幸にもこの完全に近いトマンチユロサウルスの骨格は、火災で損傷した。

1925 年，俄國人在黑龍江發掘出了一具鴨嘴龍，命名爲滿州龍。這
就是中國的第一個恐龍化石。70 年代，黑龍江省博物館也從同一地
點發掘到豐富的鴨嘴龍化石和食肉性恐龍的牙齒。

In 1925.　Russians excavated a hadrasaurus called *Mandschurosaurus*
in Heilongjiang Province.　This was the first such discovery in China.
In the 1970´s, many *Mandschurosaurus* fossils,　along with carnivorous
fossils,　were discovered by the Heilongjiang Musuem.

1925 年、ロシアの調査隊は黒竜江省でマンチユロサウルスと呼ばれ
るハドロサウルス類恐竜を発掘した。これは、中国における最初のハ
ドロサウルス類であった。1970 年代に多くのマンチェロサウルスと
肉食恐竜の歯が黒竜省博物館によって発見された。

黑龍江省嘉蔭縣龍骨山是著名的滿州龍化石發現地。
The fossil site where *Mandschurosaurus amurensis* was
found in Jiayin County, Heilongjiang Province.
黒竜江省嘉蔭のマンチユロサウルスの産地。

采自新疆富蕴縣白堊紀晚期地層中的的牙克煞龍下頜骨
A lower jaw of *Jaxarrosaurus* from Fuyun County in the north part of Xinjiang.
新疆ウイグル自治区北部の富蕴から産出されたヤクサルトサウルスの下顎骨

原巴克龍	*Probactrosaurus* sp.	プロバクトロサウルス
白堊紀早期	Early Cretaceous	白亜紀前期
內蒙阿拉善戈壁	Alxa Gobi, Neimenggu	内モンゴル自治区アラシヤン砂漠

50 年代，中國和前蘇聯科學院在內蒙古進行了一次聯合考察，獲得的珍貴標本包括在阿拉善發現的原巴克龍。它屬于禽龍類，是鴨嘴龍的祖先類型，與巴克龍有着極近的淵源關係。

In the late 1950's, a joint expedition by China and the former Soviet Union Academy was taken in Alxa Desert, Neimenggu. *Probactrosaurus* was one of the precious specimens found by the expedition. *Probactrosaurus* is the ancestor of *hadrasaurus*.

1950 年代後半に、中国とソ連科学アカデミーによる共同古生物学探検隊が内モンゴル自治区アラシャン砂漠で調査を行った。この恐竜は、その時の貴重な成果の一つである。この恐竜は、ハドロサウルス類の祖先である。

戈壁原巴克龍　　　*Probactrosaurus gobiensis* Rozhdestvensky, 1966　　プロバクトロサウルス
白堊紀早期　　　　Early Cretaceous　　　　　　　　　　　　　　　　白亜紀早期
内蒙阿拉善戈壁　　Alxa　Gobi, Neimenggu　　　　　　　　　　　　　内モンゴル自治区　阿拉善戈壁

巴克龍的牙齒
A tooth of *Bactrosaurus* sp.
バクトロサウルスの歯

南雄小鴨嘴龍下頜骨
Lower jaw of *Microhadrosaurus nanshiungensis* Dong, 1977
ミクロハドロサウルスの下顎骨

姜氏巴克龍	*Bactrosaurus johnsoni* Gilmore, 1933	バクトロサウルス
白堊紀晩期	Late Cretaceous	白亜紀後期
內蒙古二連浩特	Erenhot, Neimenggu	内モンゴル自治区 二連浩特（ニレンホト）

姜氏巴克龍是一種較原始的鴨嘴龍，成年個體長達 5 米。

Bactrosaurus johnsoni is a primitive hadrasaurid. As an adult, its body is 5 meters long.

バクトロサウルスは、原始的なハドロサウルス類である。成体の体長は5m。

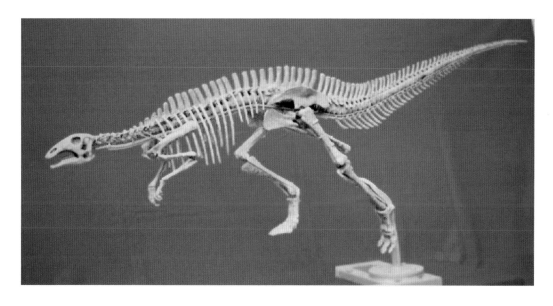

在內蒙古二連浩特巴蘇組地層中採集到的一具幼年巴克龍骨架。

A juvenile *Bactrosaurus* found in Erenhot, Neimenggu.

内モンゴル自治区二連浩特(ニレンホト)で発見されたバクトロサウルスの幼体。

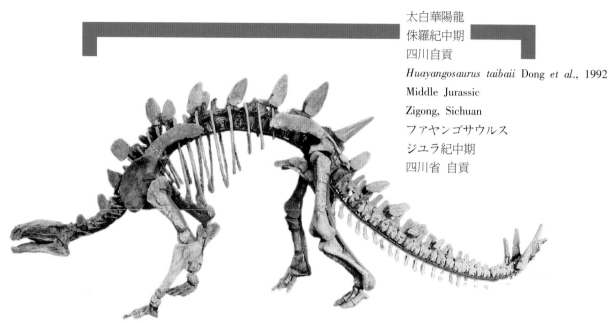

太白華陽龍
侏羅紀中期
四川自貢
Huayangosaurus taibaii Dong *et al.*, 1992
Middle Jurassic
Zigong, Sichuan
ファヤンゴサウルス
ジュラ紀中期
四川省 自貢

太白華陽龍爲一種極爲原始的劍龍類，體長約爲 4.5 米。頭骨厚重而狹長，呈楔形。背脊骨板從頸頂到尾端對稱排列，形狀稍异。

Huayangosaurus taibaii is a primitive stegosaur. The skeleton is about 4.5 meters long, with a heavy and thick but narrow skull. Double row of narrow, quite sharply pointed bony plates are along the neck and back.

ファヤンゴサウルスは原始的なステゴサウルス類恐竜である。体長は約4.5m、重く丈夫で幅の狭い楔形の頭骨を持っていた。首から背中にかけては、2列に並んだ、狭く非常に鋭い骨板がはえていた。

華陽龍頸部骨板

Bony plates of *Huayangosaurus taibaii*.
ファヤンゴサウルスの骨板

平坦烏爾禾龍骨板

Bony plates of *Wuerhosaurus homheni* Dong, 1973
ウェルホサウルスの骨板

平坦烏爾禾龍是一種大型劍龍類，與北美的劍龍外貌極爲相似，骨板呈梨形。

Wuerhosaurus homheni is a huge stegosaur. It looks like the stegosaur from North America. The bony plates is pear shape.

ウェルホサウルスは大型のステゴサウルス類で、北アメリカで発見されたものによく似ている。骨板はヘラ状。

多棘沱江龍
侏羅紀晚期
四川自貢
Tuojiangosaurus multispinus
Dong *et al.*, 1977
Late Jurassic
Zigong, Sichuan
トウジャンゴサウルス
ジュラ紀後期
四川省 自貢

多棘沱江龍是一種大型的劍龍類，體長約 7 米。它與北美發現的劍龍十分相似，但比在四川侏羅紀早期發現的華陽龍大得多，其劍板狹而尖。

It is a huge stegosaur about 7 meters long, similar to the stegosaur of North America but much bigger than *Huayangosaurus* found in Sichuan. Its bony plates are narrow and pointed.

トウジャンゴサウルスは体長 7mの大型のステゴサウルス類である。北アメリカで発見されたものによく似ている。四川省のジュラ紀前期の地層から発見されたファヤンゴサウルスより大きい。骨板は狭く尖っている。

自貢恐龍博物館展出的太白華陽龍
Huayangosaurus taibaii is displayed in the Dinosaur Museum of Zigong, Sichuan.
自貢恐竜博物館に展示されているファヤンゴサウルス竜

多棘沱江龍牙齒
A tooth of *Tuojiangosaurus multispinus*.
トウジャンゴサウルスの歯

蒙古鸚鵡嘴龍復原圖
The reconstruction of *Psittacosaurus mongoliensis*.
プシッタコサウルスの復元図

蒙古鸚鵡嘴龍	*Psittacosaurus mongoliensis* Osborn, 1923	プシッタコサウルス
白堊紀早期	Early Cretaceous	白亜紀前期
内蒙古	Neimenggu	内モンゴル自治区

蒙古鸚鵡嘴龍體長約 2 米,頭窄長。顴骨突不很發育,牙齒數目少。
Its body length is about 2m and head is narrorw and long. The checkbone is not very developed but teeth are few.
体長は約 2mで頭部は狭く長い。頬骨はそれほど発達せず、歯は少ない。

鸚鵡嘴龍(埋藏狀態)
白堊紀早期
内蒙古
Psittacosaurus sp.
Early Cretaceous
Neimenggu
プシッタコサウルスの埋蔵状態
白亜紀前期
内モンゴル自治区

中國鸚鵡嘴龍
白堊紀早期
山東萊陽
Psittacosaurus sinensis Young, 1953
Early Cretaceous
Laiyang, Shandong
プシッタコサウルス
白亜紀前期
山東省 萊陽

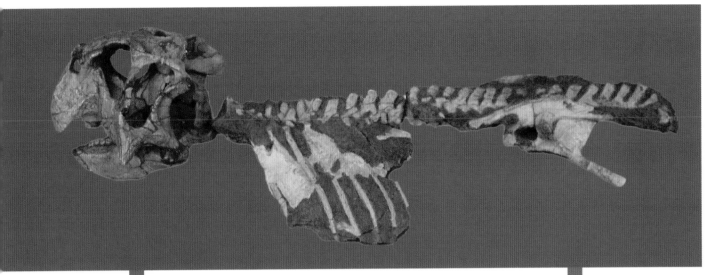

鸚鵡嘴龍　　　*Psittacosaurus* sp.　　プシッタコサウルス
白堊紀早期　　Early Cretaceous　　白亜紀前期
山東萊陽　　　Laiyang, Shandong　山東省 萊陽

鸚鵡嘴龍頭骨呈圓形，吻彎曲呈典型的鸚鵡喙，上下頜牙齒數目不同，顴骨突居中。

Its head is round and mouth is like the beak of parrot. The number of teeth on its lower and upper jaw are different from each other.

頭部は丸く、口はオウムのクチバシ状である。上下顎骨の歯の数は異なっている。

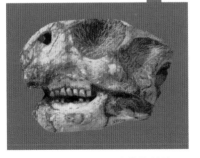

在山東萊陽發現的鸚鵡嘴龍頭骨
The skull of *Psittacosaurus* sp. from Laiyang, Shandong.
山東省萊陽で産出されたシッタコサウルスの頭骨

新疆鸚鵡嘴龍
白堊紀早期
新疆準噶爾盆地
Psittacosaurus xingjiangensis Sereno et Chao, 1988
Early Cretaceous
Junggar, Xinjiang
プシッタコサウルス
白亜紀前期
新疆ウイグル自治区　準噶爾(ジユンガル)盆地

採集自內蒙古的鸚鵡嘴龍頭骨
Skull of *Psittacosaurus* sp. from Neimenggu.
内モンゴル自治区採集された
プシッタコサウルスの頭骨

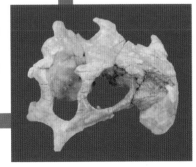

一種小型繪龍被挖掘出土,尸體呈橫躺狀態,可能是被風沙突然掩埋而死亡的。

A group of *Pinacosaurus* were digged out. They were found in a nest, lying in their original positions covered presumably by blown sand.

発掘された一群のピナコサウルス化石。それらは巣の中で発見された。おそらく砂あらしに突然襲われ死んだものと思われる。

大島氏古角龍　*Archeaoceratops oshimai* Dong, 1997　アーケオケラトプス
白堊紀早期　Early Cretaceous　白亜紀前期
甘肅馬宗山　Mazongshan, Gansu　甘粛省 馬宗山

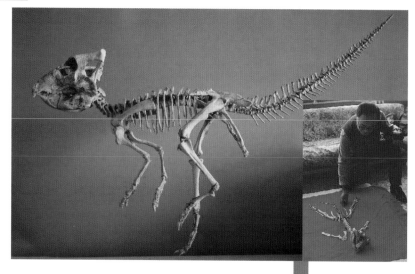

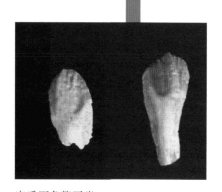

安氏原角龍牙齒
The teeth of *Protoceratops andrewsi*.
プロトケラトプスの歯

安氏原角龍　*Protoceratops andrewsi* Granger et Gregory, 1923　プロトケラトプス
白堊紀晚期　Late Cretaceous　白亜紀後期
內蒙古　Neimenggu　内モンゴル自治区

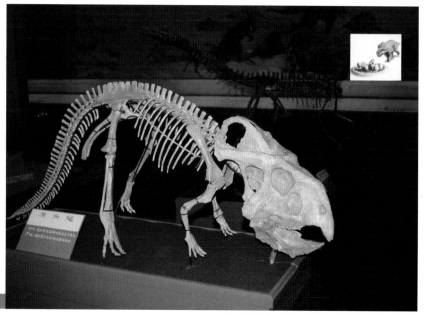

繪龍是一種小型纖細的甲龍類
Pinacosaurus was a small, and slender Ankylosaur.
ピナコサウルスは小型のアンキロサウルス類である。

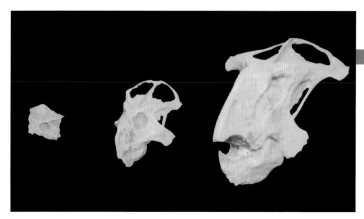

不同年齡的安氏原角龍頭骨
The skulls of *Protoceratops andrewsi* in different ages.
様々な年齢のプロトケラトプスの頭骨

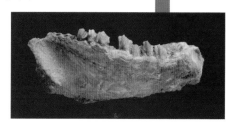

内蒙古的原角龍在美國展出
Protoceratops sp. from Neimenggu displayed in USA.
アメリカ合衆国で展示された内モンゴル自治区産の
プロトケラトプス

安氏原角龍體長約 2 米，體骨較原始，頭無角，個體較小，眼大。它具有像鸚鵡似的前喙，脖頸后部有發育良好的骨質軟骨。

The body of *Protoceratops andrewsi* is about 2m, with primitive bone and no horn. It is relatively small, and have big eyes and a front beak as parrot's and cartilage on back of neck.

プロトケラトプスは体長約2mで、原始的な骨格を持ち、角はない。比較的小型で、大きな目とオウムのような吻部、首の後ろに発達した軟骨を持っていた。

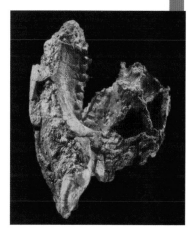

戈壁微原角龍下頜骨
The lower jaw of *Microceratops gobiensis* Bohlin, 1953.
ミクロケラトプスの下顎骨

安氏原角龍頭骨
The skull of *Protoceratops andrewsi*.
プロトケラトプスの頭骨

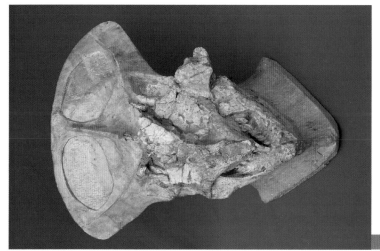

安氏原角龍頭骨
The skull of *Protoceratops andrewsi*
プロトケラトプスの頭骨

古爬行動物 Fossil Reptiles 爬虫類化石

自貢恐龍博物館
The Zigong Dinosaur Museum.
自貢恐竜博物館

自貢恐龍博物館的各種恐龍
Dinosaur skeletons displayed in the Zigong Dinosaur Museum.
自貢恐竜博物館に展示されているいろいろな恐竜

蘭氏靈龍頭骨
Skull of *Agilisaurus louderbacki*, which was a small ornithopod about 1.2~1.7 meters long.
アギリサウルスの頭骨

大山鋪曉龍
Xiaosaurus dashanensis Dong et Tang, 1984
シアオサウルス

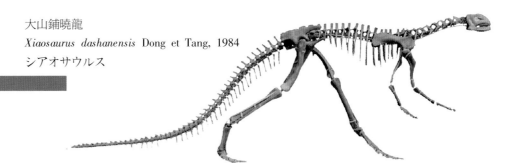

一種小型的兩足行走的鳥腳類恐龍，長約 1.4 米，頭小，吻短，上下頜牙齒數多，前肢較小，後肢細長，常出沒於叢林之中。

Xiaosaurus is a small ornithopod with a small head. Adults could grow to length of 1.4 meters. There are many teeth on its mandible. Its front legs are short while the back legs are long and thin. It often lived in jungles and traveled on its back legs.

この恐竜は、小さな頭を持った小型の鳥脚類である。長さは約 1.4*m*、頭が小さく、吻は短かく、歯数は多い。前肢は比較的小さく、後肢は細長い。森の中で生活していた。

蜀龍動物群在重慶自然博物館
Shunosaurus in Chongqing Natural History Museum.
重慶博物館に展示されている蜀竜動物群

這是 1950 年在青島山東大學舉辦的恐龍化石展。該展覽是新中國成立以後第一個以化石爲題材的展覽。

This is the first exhibition on fossils in China in 1950 since the founding of P.R.C..

1950 年に開催された中華人民共和国の成立後初の恐竜展(山東大學)

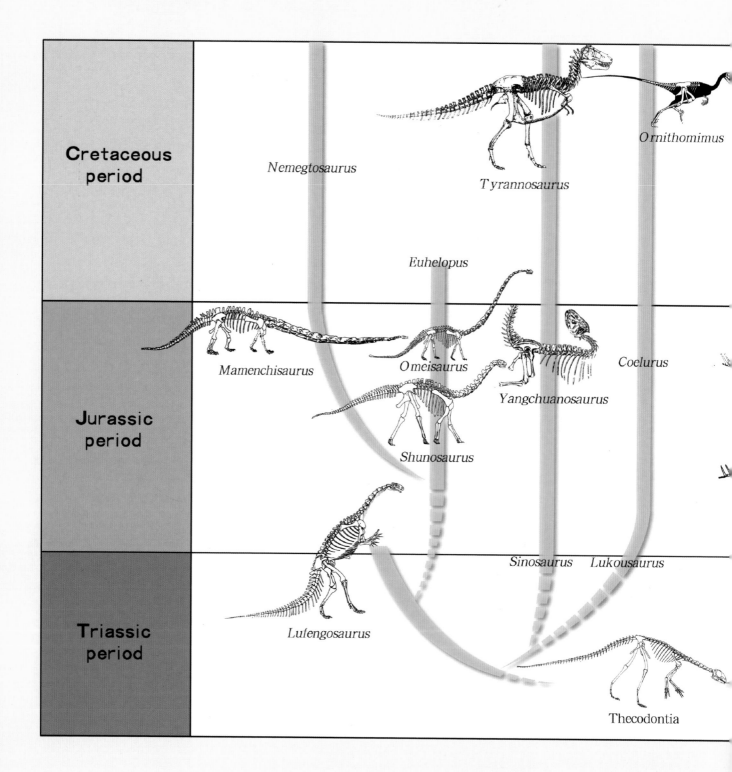

Cretaceous period

Nemegtosaurus

Ornithomimus

Tyrannosaurus

Euhelopus

Jurassic period

Mamenchisaurus

Omeisaurus

Coelurus

Yangchuanosaurus

Shunosaurus

Sinosaurus   Lukousaurus

Triassic period

Lufengosaurus

Thecodontia

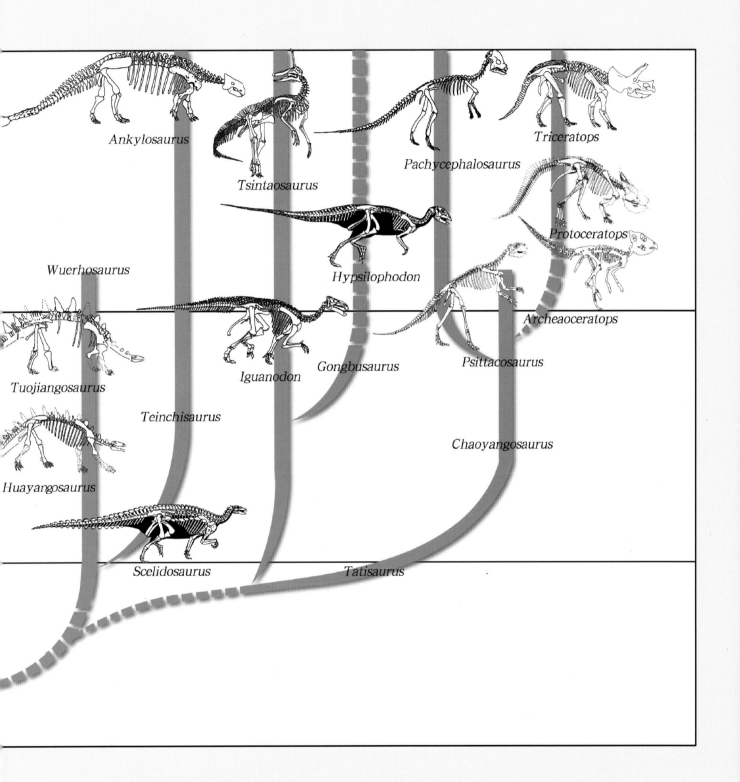

Ankylosaurus

Tsintaosaurus

Pachycephalosaurus

Triceratops

Wuerhosaurus

Hypsilophodon

Protoceratops

Tuojiangosaurus

Iguanodon

Gongbusaurus

Archeaoceratops

Teinchisaurus

Psittacosaurus

Huayangosaurus

Chaoyangosaurus

Scelidosaurus

Tatisaurus

自 1986 年以來，在河南省西峽地區發現了數以萬計的恐龍蛋化石。圖爲恐龍蛋保存地點。

Since 1986, thousands and thousands of dinosaur eggs have been found in Xixia, Henan Province. This area is protected now.

1986 年以來、河南省西峽地域から何万個もの恐竜卵化石が発見された。恐竜卵化石保護地区の図。

產自河南西峽三里廟的恐龍蛋化石

Dinosaur eggs from Sanlimiao of Xixia, Henan.

河南省西峽三里廟から産出された恐竜卵化石

產自內蒙古的小圓形蛋化石

Small round eggs from Neimenggu.

内モンゴル自治区から産出された恐竜卵化石

產自河南西峽白堊紀中期的巨型長形蛋化石

Huge, long eggs from Middle Cretaceous of Xixia, Henan.

河南省西峽の白亜紀中期の大型の長形卵化石

小型圓恐龍蛋化石

A small dinosaur egg.

小型の恐竜卵化石

產自河南西峽的恐龍蛋化石

A dinosaur egg from Xixia, Henan.

河南省西峽から産出された恐竜卵化石

產自內蒙古的原角龍蛋化石

The eggs of *Protoceratops* from Neimenggu.

内モンコル自治区から産出されたプロトケラトプスの卵化石

產自河南的小型長恐龍蛋化石

A small long egg from Henan.

河南省から産出された小型の恐竜卵化石

廣東南雄博物館
A dinosaur mural and skeleton at the Nanxiong Museum of Guangdong.
広東省南雄博物館

廣東南雄博物館收集了大量的恐龍蛋化石，其中包括帶有胚胎的恐龍蛋。
Abundant dinosaur eggs have been preserved at Nanxiong Museum in Guangdong Province.
広東省南雄博物館では大量の恐竜卵化石を採集し、その中に胚が見られる恐竜卵もある。

產自廣東南雄白堊紀地層的長形蛋化石
A nest of dinosaur eggs from Cretaceous sediments in Nanxiong, Guangdong.
広東省南雄の白亜紀地層から産出された長形卵化石

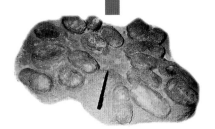

產自廣東始興的長形蛋
A nest of dinosaur eggs from Shixing of Guangdong.
広東省始興から産出された長形卵

陳列在南雄博物館的鱷魚骨架化石
A crocodile skeleton in Nanxiong Museum.
南雄博物館に展示されているワニ化石の骨格

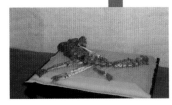

恐龍的部分骨架
Partial skeleton of a dinosaur.
部分的な恐竜骨格

廣東南雄白堊紀紅層地貌　　The Cretaceous red clay in Nanxiong of Guangdong.　　広東省南雄白亜紀の赤層地貌の風景

魏氏準噶爾翼龍
不完整骨架
白堊紀早期
新疆烏爾禾
Dzungaripterus weii Young, 1964
Incomplete skeleton
Early Cretaceous
Wuerhe, Xinjiang
ズンガリプテルス
白亜紀前期
新疆ウイグル自治区

魏氏準噶爾翼龍的頭骨
The skull of *Dzungaripterus weii*.
ズンガリプテルスの頭骨

長頭狹鼻翼龍是一種生活在湖邊的中型翼龍，體長約 1 米，頭骨狹長低平，上頜中具長而鈍的牙齒。
Angustinaripterus longicephalus was a medium fish-eating pterosaur which lived near the lake. It was about 1m long with long, smooth teeth in the upper jaw.
アングスチナリプテルスは、湖付近で生活した中型のプテロダクテイルス類の一種である。体長は約 1m で頭骨は細長く、上顎骨に、長くひくい歯が生えている。

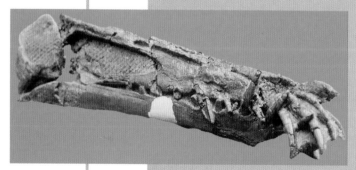

魏氏準噶爾翼龍復原圖
A reconstruction of *Dzungaripterus weii*.
ズンガリプテルスの復元図

長頭狹鼻翼龍頭骨
Skull of *Angustinaripterus longicephalus* He *et al.*, 1984
アングスチナリプテルスの頭骨

慶陽環河翼龍的后肢
Hind limb of *Huanhepterus qingyangensis*.
ファンヘプテルスの後肢

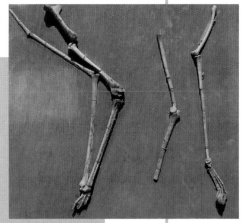

慶陽環河翼龍
侏羅紀晩期或白堊紀早期
甘肅慶陽
Huanhepterus qingyangensis Dong, 1982
Late Jurassic or early Cretaceous
Qingyang, Gansu
ファンヘプテルス
ジユラ紀後期
甘肅省 慶陽

復齒湖翼龍
肢骨
白堊世早期
新疆烏爾禾
Noripterus complicidens
Young, 1973
Limb bones
Early Cretaceous
Wuerhe, Xinjiang
ノリプテルスの肢骨
白亜紀前期
新疆ウイグル自治区

喜瑪拉雅魚龍脊椎
A vertebrae of *Himalayasaurus*.
ヒマラセサウルスの脊椎

魚龍生態圖
The ecological reconstruction of *Ichthyosaurus*.
イクテイオサウルスの生態図

山西山西鰐
三疊紀中期
山西
Shansisuchus shansisuchus Young, 1964
Middle Triassic
Shanxi
シャンシースクス
三畳紀中期
山西省

芙蓉龍是槽齒類中很特殊的類型，吻喙狀，頜上無牙，體表披鱗，背具一串高聳而扁的背棘。
Lotosaurus is a special animal of 3 meters long.
大変特殊な中型の槽歯類で、背中には非常に高い棘突起がある。顎には歯がなく、吻部はクチバシ状で、体はウロコで覆われていた。

無齒芙蓉龍
三疊紀中期
湖南桑植
Lotosaurus adentus Chang, 1975
Middle Triassic
Sangzhi, Hunan
ロトサウルス
三畳紀中期
湖南省 桑植

銀郊中國肯氏獸
三疊紀中期
山西榆社
Sinokannemeyeria yinchiaoensis Sun, 1963
Middle Triassic
Yushe, Shanxi
シノカンネメリア
三畳紀中期
山西省 榆社

袁氏闊口龍
三疊紀早期
新疆吉木薩爾
Chasmatosaurus yuani Young, 1936
Early Triassic
Jimusaer, Xinjiang
カスマトサウルス
三畳紀前期
新疆ウイグル自治区

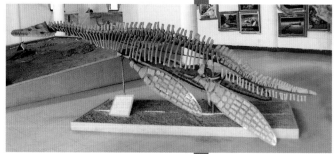

澄江渝州上龍
Yuzhouopliosaurus chengjiangensis
ユウジョウプリオサウルス

水龍獸　三疊紀早期

Lystrosaurus sp. Early Triassic

リストロサウルス　三疊紀前期

水龍獸是一種營兩棲生活的二齒獸類，上頜有兩個犬狀大牙，是分布很廣的動物，特別是在岡瓦納大陸上，被認爲是"土著"的動物。它的化石爲大陸漂移學說提供了強有力的證據。

Lystrosaurus was a Dicynodon that lived an amphibian life. It was widely distributed on the super continent during the Triassic period. The theory of continent drift has been supported by the discovery of these fossils.

リストロサウルスは二歯獣の両生類で、上顎に二つの犬歯がある、ほとんど世界中に分布している動物である。特に古い大陸の土着の動物と認められる。その化石は大陸漂移学説の根據となった。

中國武氏鱷

三疊紀早期

新疆吐魯番

Vjushkovia sinensis Young, 1973

Early Triassic

Turpan, Xinjiang

ウジユスコビア

三疊紀前期

新疆ウイグル自治区　吐魯番

短吻副肯氏獸

三疊紀早期

新疆阜康

Parakannemeyeria brevirostris Sun, 1973

Early Triassic

Fukang, Xinjiang

パラカンネメイエリア

三疊紀前期

新疆ウイグル自治区　阜康

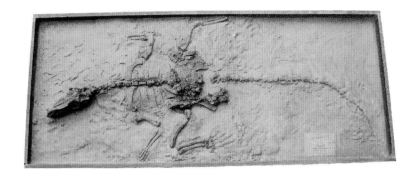

達板吐魯番鰐
三疊紀早期—中期
新疆吐魯番
Turfanosuchus dabanensis Young, 1973
Early to Middle Triassic
Turpan, Xinjiang
トルフアノスクスワニ
三畳紀前期—中期
新疆ウイグル自治区　吐魯番

胡氏貴州龍
三疊紀中期
貴州興義
Keichousaurus hui Young, 1958
Middle Triassic
Xingyi, Guizhou
ケイチョウサウルス(貴州竜)
三畳紀中期
貴州省　興義

長鼻北碚鰐
侏羅紀中期
四川達縣
Peipehsuchus teleorhinus Young, 1948
Middle Jurassic
Daxian, Sichuan
プイペフスクス
ジュラ紀
四川省　達県

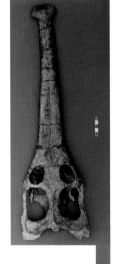

六方中國引蜥	*Sineoamphisbaena hexatabalaris*	シネオアムフィスバエナ
	Wu *et al.*, 1995	
白堊紀	Cretaceous	白亜紀
內蒙古	Neimenggu	內モンゴル自治区

山旺動物群中的鰐魚
A crocodile fossil from middle
Miocene Shangwang fauna.
山旺中新世動物群中のワニ

山旺動物群中的蛇
The skeletons of snake from middle
Miocene Shanwang fauna.
山旺中新世動物群中のヘビ

茂名龜　　*Maomingchelys* sp.　　マオミングケリス
始新世　　Eocene　　　　　　　始新世
廣東茂名　Maoming, Guangdong　広東省 茂名

中國龜(新種)
白堊紀早期
內蒙古
Sinemys gamora　Peng, 1993
Early Cretaceous
Neimenggu
シネミス
白亜紀前期
内モンゴル自治区

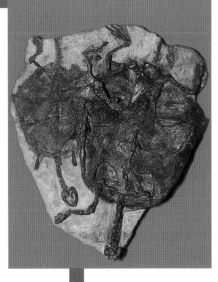

陸龜
上新世
甘肅
Testudo sp.
Pliocene
Gansu
テスタドガメ
鮮新世
甘肅省

陸龜
上新世
甘肅
Testudo sp.
Pliocene
Gansu
テスタドガメ
鮮新世
甘肅省

山旺動物群中的龜
A fossil turtle from Shanwang Fauna of Shandong.
山旺動物群中のガメ

陸龜　　*Testudo* sp.　テスタドガメ
上新世　Pliocene　　鮮新世
甘肅　　Gansu　　　甘肅省

曲頸龜
背甲
白堊紀早期
遼寧北票
25cm
Cryptodira
Caparace
Early Cretaceous
Beipiao, Liaoning
クリプトデイラガメ
白亜紀前期
遼寧省 北票

南漳湖北鰐	*Hupehsuchus nanchangensis*, Youg, 1972	フベフスクス
三疊紀中期	Middle Triassic	三畳紀中期
湖北南漳	Nanchang, Hubei	湖北省 南漳

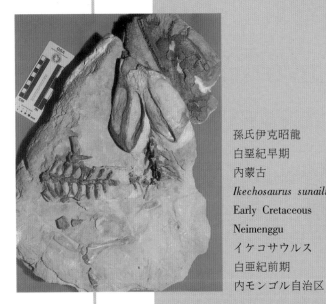

重慶西蜀鰐頭骨　白堊紀晚期　四川省
The skull of *Hsisosuchus chungkingensis* from the Late
Cretaceous in the Sichuan Basin.
フシソスクスの頭骨　白亜紀後期　四川省

孫氏伊克昭龍
白堊紀早期
內蒙古
Ikechosaurus sunailinae Dong, 1993
Early Cretaceous
Neimenggu
イケコサウルス
白亜紀前期
内モンゴル自治区

一種屬于似哺乳爬行動物中的三列齒獸科的頭骨。
The skull of Tritylodoutid which belons to the same group
of mammal-like reptiles as *Bienotherium*.
哺乳類型爬虫類トリタイロドウチドの頭骨

在中國科學院古脊椎動物與古人類研究所陳列的標本
The specimen displayed in IVPP.
中国科学院古脊椎動物古人類研究所に展示されている標本

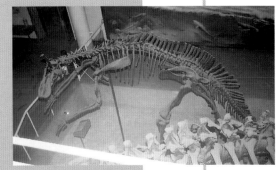

原巴克龍
Probactrosaurus sp.
プロバクトロサウルス

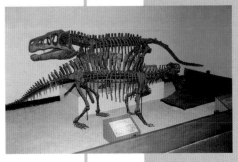

無齒芙蓉龍(前)和山西鰐
Lotosaurus adentus Chang, 1975 (front) and
Shansisuchus shansicuchus Young, 1964.
ロトサウルス(前のもの)とシェンシククス

單崎龍捕食劍龍
Monolophosaurus is preying on *Toujiangosaurus*.
モノロポサリルスがステゴサウルスを捕って食べている。

古鳥 Fossil Birds 鳥類化石

Among the vertebrates, the bird is in the unique class that conquers the three dimensions of the earth. To adapt it to flight, the bones of the birds had become relative fragile, which make them much more difficult to preserve as the fossils. The origin and evolution of birds remain one of the most important biological research projects. During the recent few years, some early fossil birds have been found in wide regions of China such as western Liaoning, Hebei, Neimenggu, Shandong and Ningxia, etc.. These astonishing discoveries indicate that China shares one of the most important areas where birds originated and evolved. The research of *Confucsiusornis* has rewritten the old record of Jurassic bird that previously had only been reported in Germany for centuries. According to some ornithologist´s remarks: "These discoveries in China establish a presence of primitive birds in Mesozoic".

鳥，脊椎動物中的一綱，體被羽毛，恆溫，卵生。現今鳥類近萬種，是唯一占領三維空間的脊椎動物，因營飛翔生活，骨骼脆弱，難保存化石。鳥類起源和進化是生物界的重大課題之一。近年來，中國遼西、河北、內蒙古、山東、寧夏等地相繼發現了早期鳥類化石，震驚了世界，表明中國是世界鳥類起源的地區之一和最重要的演化地區。孔子鳥的研究成果，打破了百年來侏羅紀鳥類僅有德國始祖鳥的記錄，正如學者所說，這是"中生代原始鳥類的燈塔"。

遼寧朝陽四合屯鳥化石點
Bird fossil site in Chaoyang, Liaoning
遼寧省朝陽四合屯郷鳥化石の産地

　脊椎動物の中で、鳥は地球の3つの場所を征服している無類な動物群である。飛ぶことに適応するためにその骨は比較的華奢にできており、化石としては保存しにくい。鳥の起源と進化は、最も重要な生物学的研究課題のひとつである。ここ数年の間に初期の鳥の化石は、遼寧省西部、河北省、内モンゴル自治区、山東省、寧夏回族自治区などを含む中国の広い地域で発見されている。これらの驚くべき発見は、中国が鳥の起源と進化にとって最も重要な地域のひとつであるということを示した。孔子鳥の研究は、今世紀にわずかにあったドイツのジユラ紀の始祖鳥の研究成果を書き直した。鳥類学者の意見に従えば、"中国におけるこれらの発見は中生代の原始的な鳥の存在を、実証てたといえる。"

原始祖鳥　　　　　　プロタルキオプテリックス
侏羅紀晚期　　　　　ジユラ紀後期
遼寧北票　　　　　　遼寧省 北票

Protarchaeopteryx robusta Ji *et al*., 1997

Late Jurassic

Beipiao, Liaoning

雖然仍有爭議，但其無疑屬于一種很原始的鳥類。

Although some arguments still make this taxa in "not sure" position, it is undoubtedly a very primitive bird.

この鳥の分類的位置づけに関する議論は続いているが、大変原始的な鳥であることは明らかである。

聖賢孔子鳥的羽毛

The feather of *Confuciusornis sanctus*.

コンフシウソルニスの羽

孔子鳥和始祖鳥均屬古鳥亞綱，在形態上有許多共同之處：頭骨基本結構相近，肱骨長於橈骨，肩胛骨與鳥喙基本愈合等。但孔子鳥口中無牙，喙為角質，胸骨發育，尾椎較短，顯示出比始祖鳥較進步的特征。

Confuciusornis sanctus and *Archaeopteryx* both belong to the subclass of fauriure and they have many common features morphologically: the basic structure of skull is similiar, humerus is longer than radius. But *Confuciusornis sanctus* had no teeth and have other advanced features than *Archaeopteryx*.

孔子鳥と始祖鳥は、古鳥亜綱に属している。それらは多くの共通する形態学的特徴をもっている。それは、頭の基本的な構造、橈骨よりも長い上腕骨、肩甲骨と鳥啄骨がほぼ愈合していることなどである。しかし、孔子鳥は歯が無く、始祖鳥より進んだ形をしている点で異なっている。

聖賢孔子鳥　　　　　　コンフシウソルニス
侏羅紀晚期　　　　　　ジユラ紀後期
遼寧北票　　　　　　　遼寧省 北票

Confuciusornis sanctus Hou, Zhou, Gu et Zhang, 1995

Late Jurassic

Beipiao, Liaoning

遼寧北票四合屯鄉——聖賢孔子鳥化石的產地.

Sihetun, Beipiao, Liaoning Province——the fossil site of *Confucitusornis sanctus*.

遼寧省北票四合屯鄉——コンフシウソルニスの産地

聖賢孔子鳥
Confusiusornis sanctus
コンフシウソルニス

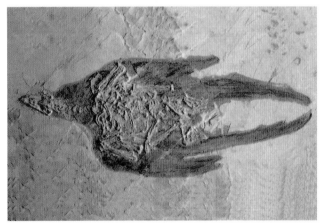

遼寧省朝陽地區聖賢孔子鳥化石發現地
The fossil site of *Confuciusornis sanctus*,
Chaoyang district, Liaoning Province.
遼寧省朝陽のコンフシウソルニスの産地

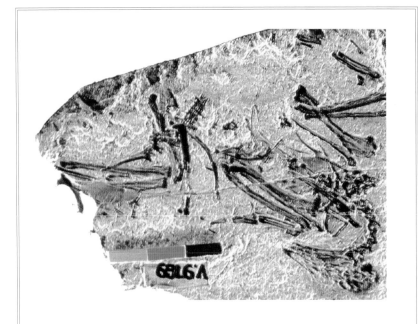

燕都華夏鳥
白堊紀早期
遼寧朝陽
Cathayornis yandiea Hou et Zhou, 1992
Early Cretaceous
Chaoyang, Liaoning
カタイオルニス
白亜紀前期
遼寧省 朝陽

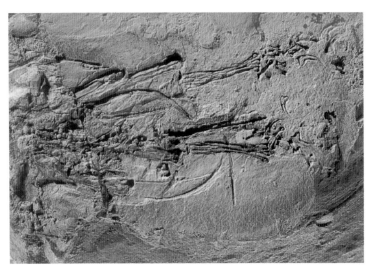

鄭氏波羅赤鳥
白堊紀早期
遼寧朝陽
Boluchia zhengi Zhou *et al*, 1995
Early Cretaceous
Chaoyang, Liaoning
ボルキア
白亜紀前期
遼寧省 朝陽

三塔中國鳥
白堊紀早期
遼寧朝陽
Sinornis santaensis Sereno et Rao, 1992
Early Cretaceous
Chaoyang, Liaoning
シノルニス
白亜紀前期
遼寧省 朝陽

玉門甘肅鳥
白堊紀早期
甘肅玉門
Gansus yumenensis Hou et Liu, 1984
Early Cretaceous
Yumen, Gansu
ガンサス
白亜紀前期
甘粛省 玉門

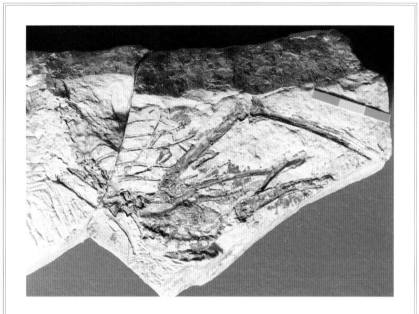

新疆阿托克鳥
白堊紀早期
新疆阿托克
Otogonis genghisi Hou, 1994
Early Cretaceous
Xinjiang
オトゴニス
白亜紀前期
新疆ウイグル自治区

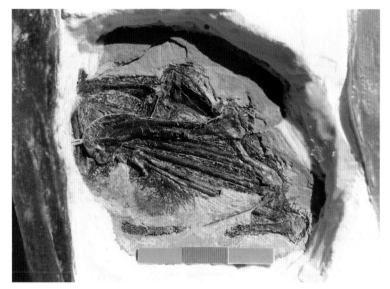

北山朝陽鳥
白堊紀早期
遼寧朝陽
Chaoyangia beishanenesis Hou et Chang, 1993
Early Cretaceous
Chaoyang, Liaoning
チオヤンギア
白亜紀前期
遼寧省 朝陽

黑襠口松滋鷄
始新世
湖北松滋
Songzia heidangkouensis Hou, 1990
Eocene
Songzi, Hubei
ソングジア
始新世
湖北省 松滋

發現于山東沂南更新世的一種雉類化石
A pheasant fossil discovered in Pleistocene from
Yinan, Shandong.
山東省沂南で発見された更新世のドリ化石

顧氏中新鷲
中新世
江蘇泗洪
Mioaegypius gui Hou, 1984
Miocene
Sihong, Jiangsu
マイオエギピュス
中新世
江蘇省 泗洪

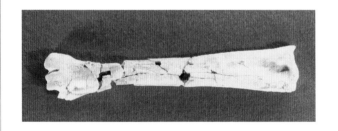

三個泉始鸛
始新世
新疆三個泉
Eociconia sangequanensis Hou, 1989
Eocene
Sangequan, Xinjiang
エオシコニア
始新世
新疆ウイグル自治区 三個泉

在甘肅廣河地區第三紀地層中發現的一種小型鳥類的蛋化石，
長 7cm。

The egg fossil of small bird species was collected from the
sediments of Tertiary in Guanghe District of Gansu Province.

甘粛省広河から採取された第三紀の小型鳥類の卵化石 (7cm)

鴕鳥股骨遠端

The distal end of an ostrich thighbone.

ダチョウの大たい骨の遠端

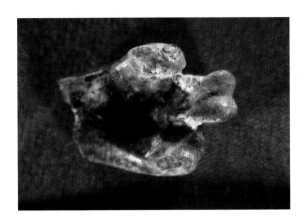

賈氏馬鷄

更新世

北京周口店

Crossoptilon jiai Hou, 1982

Pleistocene

Zhoukoudian, Beijing

クロソプチロン

更新世

北京市 周口店

松林莊古石鷄

中新世

江蘇泗洪

Paleoalectoris songlinenesis Hou, 1987

Miocene

Sihong, Jiangsu

パレオアレクトリス

中新世

江蘇省 泗洪

The mammals evolved from *Synapsidian* animals during the early Triassic. The earliest records of the mammals in China include the *Manchurodon* from Heilongjiang and the *Prodinoceras* from Turpan of Xinjiang. Mammals flourished in the early Paleocene just after the dinosaurs became extinct. Early mammals in the Paleocene are characterized by being small and quite primitive. In China, their remains are distributed mainly in Yunnan, Neimenggu, Hunan, Shaanxi, Guangdong and Jiangxi. Examples include *Lambdopsalis* from Siziwangqi of Neimenggu and the *Bemalambda*

from Nanxiong of Guangdong. The earlier mammals shared the same characteristics in the ones from China or North America, but it proved to be quite different from the mammals after that period. Since the beginning of the Neogene (20 million years ago), mammals from different places appear to be strongly differentiated. Most of the ancestors of modern mammals appeared and developed during this period. The early and middle Neogene mammals have been discovered in Ningxia, Gansu, Hubei, Neimenggu, Shaanxi, Yunnan, Shandong, Jiangsu and Xinjiang.

　　中國的哺乳動物化石最早發現于三疊紀，但以新生代最爲豐富。中國的早期哺乳類化石主要有內蒙古四子王旗古新世的斜剪齒獸 (*Lambdopsalis*)、遼寧侏羅紀的滿洲獸 (*Manchurodon*)、廣東南雄的階齒獸 (*Bemalambda*)、新疆吐魯番的原恐角獸 (*Prodinoceras*) 等。第三紀晚期，哺乳動物以大型化和特化爲其特征，著名的有寧夏同心中新世動物群、黃河流域的三趾馬動物群、山東山旺的柄杯鹿動物群、雲南祿豐和元謀的古猿動物群

等。

　　第四紀的哺乳動物化石基本現代化，在中國形成北方動物群、華南動物群和過渡型動物群的格局。典型代表有更新世早期的河北泥河灣動物群、廣西柳州巨猿動物群和元謀人動物群；更新世中期的北京周口店北京人動物群、安徽和縣猿人動物群；更新世晚期的北京周口店山頂洞人動物群、四川資陽人動物群。

内蒙古第三紀化石點
Tertiary fossil site in Neimenggu.
内モンゴル自治区第三紀化石の産地

　哺乳類は、トリアス紀前期に獣弓類から進化した。哺乳類の最初の記録もまたこの時期からのものである。有名な中生代の哺乳類は、黒竜江省からのマンチユロドンと新疆ウイグル自治区のトルフアンからのプロクリネケロスがある。哺乳類は、恐竜が絶滅した直後の暁新世前期に大放散した。暁新世初期の哺乳類は小さく、比較的原始的であったことで特徴づけられる。中国では、それらの化石はおもに雲南省・内モンゴル自治区・湖南省・陝西省・広東省・江西省に分布している。ここでは、内モンゴル自治区の四子王旗からのランブドプサリスと広東省の南

雄からのバマランブダを紹介した。初期の哺乳類は、中国のものであろうと北アメリカのものであろうと同じ特徴をもっている。しかし、それは後の哺乳類とはまったく異なったものである。新第三紀の初期以來(2000万年前~1万年前)、哺乳類は、それぞれの地域特有のものとなった。この時期に、現在の哺乳類の祖先がほとんど出現し、発展した。新第三紀初期と中期(中新世)の哺乳類は、寧夏回族自治区・甘粛省・湖北省・内モンゴル自治区・山西省・雲南省・山東省・江蘇省・新疆ウイグル自治区で発見されている。

古哺乳動物　Fossil Mammals　哺乳類化石

中國尖齒獸　　*Sinoconodon* sp.　シノコノドン
三疊紀晚期　　Late Triassic　　三畳紀後期
雲南祿豐　　　Lufeng, Yunnan　雲南省 禄豊

帕氏中國尖齒獸　*Sinoconodon parringtoni* Young, 1982　シノコノドン
侏羅紀晚期　　　Late Jurassic　　ジユラ紀後期
雲南祿豐　　　　Lufeng, Yunnan　雲南省 禄豊

對齒獸　　　*Symmetrodon* sp.　シムメトロドン
侏羅紀晚期　Late Jurassic　　ジユラ紀後期
遼寧朝陽　　Chaoyang, Liaoning　遼寧省 朝陽

道森擬間齒獸　　メソデモプス
始新世早期　　　始新世前期
山東昌樂　　　　山東省 昌樂
Mesodmops dawsoni Tong et Wang, 1994
Early Eocene
Changle, Shandong

鼓泡斜剪齒獸
古新世晚期
內蒙古
Lambdopsalis bulla Chow et Qi, 1978
Late Paleocene
Neimenggu
ラムドプサリス
暁新世後期
內モンゴル自治区

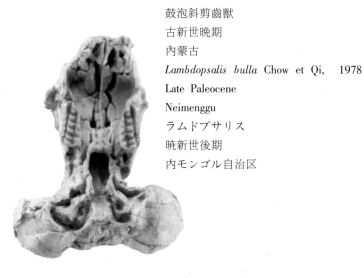

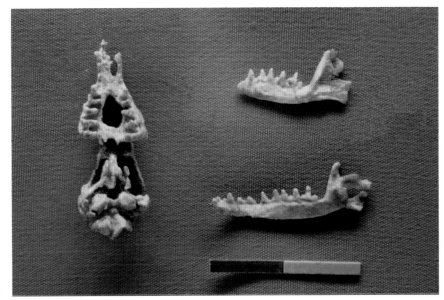

褶齒獸
Zalambdalestes sp.
ザラムブダレステス

鼓泡斜剪齒獸　　　*Lambdopsalis bulla*, Zhou et Qi, 1978　　ラムドプサリス
古新世晚期　　　　Late Paleocene　　　　　　　　　　暁新世後期
內蒙古　　　　　　Neimenggu　　　　　　　　　　　　內モンゴル自治区

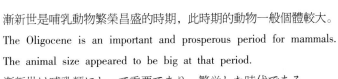

漸新世是哺乳動物繁榮昌盛的時期，此時期的動物一般個體較大。
The Oligocene is an important and prosperous period for mammals.
The animal size appeared to be big at that period.
漸新世は哺乳類にとって重要であり、繁栄した時代である。

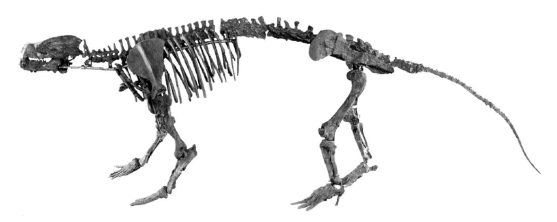

南雄階齒獸　　　*Bemalambda nanhsiungensis* Chow *et al.*, 1973　　　ベマラムブダ
古新世中期　　　Middle Paleocene　　　　　　　　　　　　　　　　　暁新世中期
廣東南雄　　　　Nanxiong, Guangdong　　　　　　　　　　　　　　　　広東省 南雄

南雄階齒獸是一種古有蹄類動物，至今已在中國南方發現了 10 多具骨架。

Bemalambda nanhsiungensis is one of the oldest ungulate. More than 10 skeletons from southern China have been discovered.

ベマラムブダは古い有蹄類の一種で、今まで中国南部で10 個以上の完全な骨格が発見された。

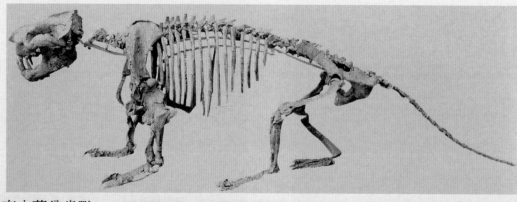

東方蕾貧齒獸
古新世
廣東南雄
Ernanodon antelios
Paleocene
Nanxiong, Guangdong
エルナノドン
暁新世
広東省 南雄

東方蕾貧齒獸是一種貧齒類動物，其骨架標本保存在中國科學院古脊椎動物與古人類研究所。

Ernanodon antelios is one of the Edentates. The skeleton is preserved in IVPP.

エルナノドンは貧歯類の一種で、完全な骨格標本は中国科学院古脊椎動物古人類研究所に保管されている。

吐魯番原恐角獸　　プロデイノケラス　　　　　　似意外尤因他獸　　ウインタテリウム
古新世晚期　　　　暁新世後期　　　　　　　　　始新世中期　　　　始新世中期
新疆吐魯番　　　　新疆ウイグル自治区 吐魯番　　河南盧氏　　　　　河南省 盧氏

Prodinoceras turfanensis Chow, 1960　　　　　*Uintatherium cf. insperatus* Tong et Wang, 1981

Late Paleocene　　　　　　　　　　　　　　　Middle Eocene

Turpan, Xinjiang　　　　　　　　　　　　　　Lushi, Henan

恐角獸復原生態圖
The ecological reconstruction of Oligocene mammals.
恐角獸の環境復元図

吐魯番原恐角獸上頜骨
古新世晚期
新疆吐魯番
Prodinoceras turfanensis Chow, 1960 Upper jaw
Late Paleocene
Turpan, Xinjiang
プロデイノケラスの上顎骨
暁新世後期
新疆ウイグル自治区 吐魯番

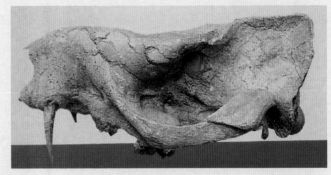

錐齒亞洲冠齒獸	*Asiocoryphodon conicus*	アジオコリフォドン
始新世	Eocene	始新世
河南	Henan	河南省

大別古脊齒獸	*Archaeolambda tabiensis* Huang, 1977	アルカエオラムブダ
古新世	Paleocene	暁新世
安徽	Anhui	安徽省

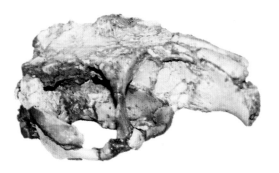

噛歯類　　Rodent　　齧歯類

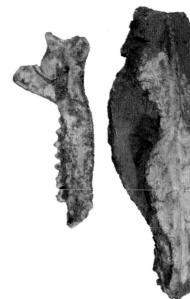

大型异非猬
古新世
安徽潜山
Paranictops majuseula Chiu, 1977
Paleocene
Qianshan, Anhui
パラニクトプス
暁新世
安徽省 潜山

嶺茶鍾健鼠
始新世早期
湖南
Cocomys linchaensis Li *et al.*, 1979
Early Eocene
Hunan
ココミス
始新世前期
湖南省

山河狸　　　*Prosciurus* sp.　　　　プロスキウルス
中新世　　　Miocene　　　　　　　中新世
山東山旺　　Shanwang, Shandong　山東省 山旺

山旺半圓齒鼠
中新世
山東山旺
Ansomys shanwangensis
Miocene
Shanwang, Shandong
アンソミス
中新世
山東省 山旺

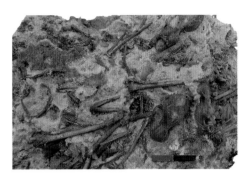

蹄蝠　　　　　*Hipposideros* sp.　　　ヒッポシデロス(コウモリ)
上新世晚期　　　Late Pliocene　　　　鮮新世後期
江蘇句容　　　　Jurong, Jiangsu　　　江蘇省 句容

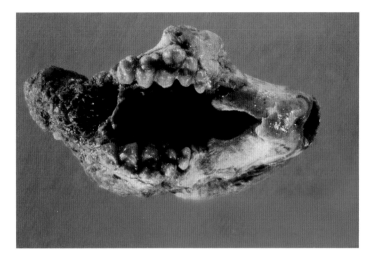

東方曉鼠　　　*Heomys orientalis* Li, 1977　　ヘオミス
古新世　　　　Paleocene　　　　　　暁新世
安徽潜山　　　Qianshan, Anhui　　　安徽省 潜山

咬洞竹鼠　　　*Rhizomys troglodytes* Matthew et Granger, 1923
更新世中期　　Middle Pleistocene
四川萬縣　　　Wanxian, Sichuan
ライゾミス
更新世中期
四川省 万県

跳兔
中新世中期
寧夏同心
Alloptox sp.
Middle Miocene
Tongxin, Ningxia
アロプトクス
中新世中期
寧夏回族自治区 同心

跳兔是一種個體小的兔形類動物, 多爲疾走或短距離間跳躍, 適應能力很強。

Alloptox was a small rabbit. It was a good quick walker and jumper. It had high adaptability to the environment.

アロプトクスは小型のウサギ類である。環境によく適応してすばやく走ったり、ジャンプしたりした。

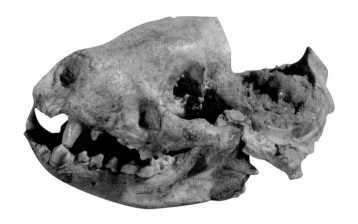

似獾形密齒獾
更新世中期
北京門頭溝
Melodon melinus Pei, 1934
Middle Pleistocene
Mentougou, Beijing
メロドン
更新世中期
北京市 門頭溝

狼上頜骨側視圖
Side view of upper jaw of a wolf
カニス(オオカミの上顎骨)(側面図)

狼上頜骨底視圖
Bottom view of upper jaw of a wolf
カニス(オオカミ)の上顎骨(底面図)

狼
更新世—全新世
華北、華東
Canis lupus Linnaeus, 1758
Pleistocene–Holocene
Northern and eastern China
カニス(オオカミ)
更新世—完新世
華北、華東

狼復原像　The reconstruction of a wolf.　カニス(オオカミ)の復元像

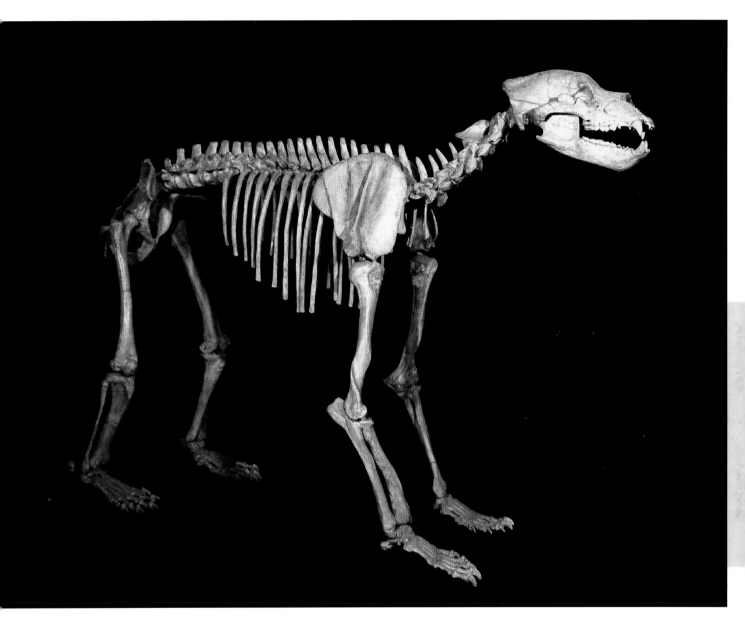

洞熊   *Ursus spelaeus* Rosenmuller, 1794   ウルスス(ホラアナグマ)

更新世晚期   Late Pleistocene   更新世後期

北京周口店   Zhoukoudian, Beijing   北京市 周口店

洞熊的體型較大，生活在山頂洞人時期。該骨架是周口店發現的第一具化石骨架。

A kind of cave bear from Upper Cave Man Site, Zhoukoudian (where it survived in Upper Cave Man time). This is the first cave bear skeleton from Zhoukoudian. It stored in IVPP.

北京周口店山頂洞人の時代に生息していたホラアナグマの一種である。完全な骨格標本が発見 され、中国学科院古脊椎動物古人類研究所に保管されている。

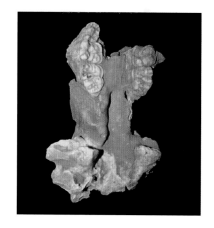

楊氏半熊　　*Hemicyon (Phoberocyon) youngi*　　ヘミキオン
中新世中期　　Middle Miocene　　中新世中期
山東山旺　　Shanwang, Shandong　　山東省 山旺

大熊貓包氏亞種　　アイルロポダ(オオパンダ)
更新世中晚期　　更新世中期—後期
北京周口店　　北京市 周口店
Ailuropoda melanoleuca baconi Woodward, 1915
Middle and Late Pleistocene
Zhoukoudian, Beijing

豺熊類動物　　Ursidae　　クマ類
中新世中期　　Middle Miocene　　中新世中期
山東山旺　　Shanwang, Shandong　　山東省 山旺

東方祖熊是一種小型的食肉動物，大小接近靈貓，四肢纖長，動作靈巧，具長尾，其牙齒已明顯"熊式"，它可能代表了現生熊類早期的一個進化旁支。

It is a small carnivore with slim limbs, similiar to civet in size. It has a long tail and behaves agilely. Its teeth are bear type. It probably represents a early branch of modern bear.

ウルサブスは小型の肉食獣で、旧型のクマ類の一種である。

東方祖熊
中新世
山東山旺
Ursavus orientalis
Miocene
Shanwang, Shandong
ウルサブス
中新世
山東省 山旺

大熊貓包氏亞種
更新世晚期
廣西柳州
Ailuropoda melanoleuca baconi
Late Pleistocene
Liuzhou,Guangxi
アイルロポダ(オオパンダ)
更新世後期
広西壮族自治区 柳州

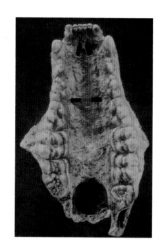

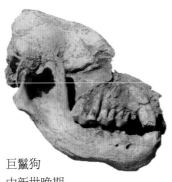

巨鬣狗
中新世晚期
甘肅廣河
Hyaena gigantea Schlosser, 1903
Late Miocene
Guanghe, Gansu
ハイエナ
中新世後期
甘粛省 広河

中華縞鬣狗復原圖　　The reconstruction of *Hyaena sinensis*.　　中華ハイエナの復元図

上頜骨　　Upper jaw　　上顎骨

這具中華縞鬣狗骨架採集自北京人的居住地，它是北京人的天敵。

The skeleton of *Hyaena sinensis* was collected from the site of Peking Man. It was a natural enemy of Peking Man.

この中華ハイエナの骨格は、北京人の住んでいた場所から採集されたものである。ハイエナは北京人の天敵で
あった。

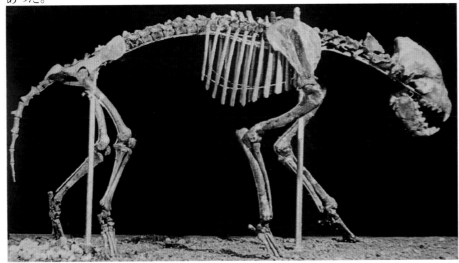

中華縞鬣狗
更新世中期
華北、華南
Hyaena sinensis Zdansky, 1924
Middle Pleistocene
North and south of China
中華ハイエナ
更新世中期
華北、華南

始中鬣狗
中新世
寧夏同心
Percrocuta sp.
Miocene
Tongxin, Ningxia
ペレロクタ
中新世
寧夏回族自治区　同心

底視
Bottom view.
底面観

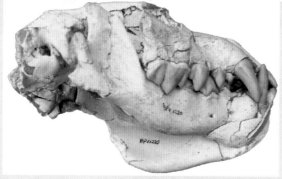

側視
Side view
側面観

始中鬣狗出現於寧夏同心中新世動物群中，是當時最凶猛的肉食者之一。
This ancient *Hyaena* was the most harmful carnivore in Miocene Tongxin fauna of northwestern China.
このハイエナは寧夏回族自治区同心の中新世の動物群に含まれ、この時代の最も凶暴な肉食獣の一種であった。

鬣狗是一種中到大型的食肉動物，牙齒粗壯，可以壓碎骨頭，以吃腐肉爲主，同時也吃小動物。
Hyaena are middle to large sized carnivores. They have strong teeth which can crush bones into pieces easily. They mainly eat carrion and small animals, They were widely distributed in the north of China during Pleistocene.
ハイエナは中―大型の肉食獣で、骨も簡単に砕く強靱な歯を持っていた。腐った肉や小動物を主食とした。更新世に中国北部に広く分布していた。

鬣狗　　*Hyaena* sp.　　ハイエナ
上新世　　Pliocene　　鮮新世
華北　　Northern China　華北

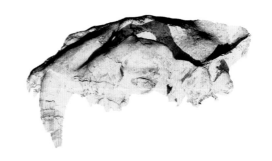

巨鬣狗　　*Hyaena gigantea* Schlosser, 1903　ハイエナ
中新世晚期　Late Miocene　　中新世後期
甘肅廣河　　Guanghe, Gansu　　甘肅省　広河

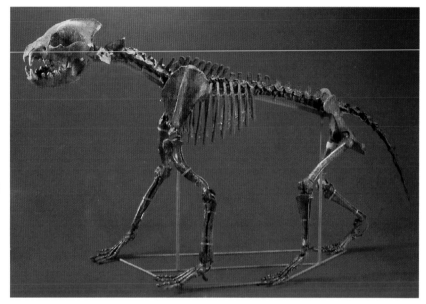

虎
更新世晚期
北京周口店
Panthera tigris Linnaeus, 1758
Late Pleistocene
Zhoukoudian, Beijing
パンテラ(トラ)
更新世後期
北京市 周口店

意外巨劍齒虎　*Megantereon inexpectatus* Teilhard, 1939　メガンテレオン(劍歯虎)
更新世中期　　Middle Pleistocene　　　　　　　　　　更新世中期
北京周口店　　Zhoukoudian, Beijing　　　　　　　　　北京市 周口店

劍齒虎生態景觀圖
Ecological view of *Megantereon inexpectatus.*
メガンテレオン(劍歯虎)の環境復元図

包氏軛齒象　*Zygolophodon borsoni* Hays, 1834　ジゴロフォドン
上新世　　　Pliocene　　　　　　　　　　　　鮮新世
山西　　　　Shanxi　　　　　　　　　　　　　山西省

內蒙古軛齒象
中新世晚期
內蒙古
Zygolophodon nemonguensis Chow et Chang, 1961
Late Miocene
Neimenggu
ジゴロフォドン
中新世後期
內モンゴル自治区

頂視　Vertical view　頂面観

側視　Side view　側面観

嵌齒象頭骨　Skull of *Gomphotherium* sp.　ゴムフォテリウムの頭骨
上新世　　　Pliocene　　　　　　　　　　　　鮮新世
山西榆社　　Yushe, Shanxi　　　　　　　　　山西省　榆社

榆社五棱齒象　*Pentalophodon yusheensis* Chang, 1964　ペンタロフォドン
上新世晚期　　Late Pliocene　　　　　　　　　　　鮮新世後期
山西　　　　　Shanxi　　　　　　　　　　　　　　山西省

1987 年已故著名古生物學家托賓博士(左)到北京自然博物館觀看象化石。

In 1987, Dr. Tobien visited Beijing Natural History Museum to view the *Gomphotherium* mandibles collected from Tongxin, Ningxia Hui Autonomous Region.

1987 年に寧夏自治区同心から採集されたゴムフォテリウムを観察するトビエン博士。

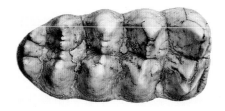

山西軛齒象　　　*Zygolophodon shansiensis* Chow et Chang, 1961　　　ジゴロフォドン
中新世晩期　　　Late Miocene　　　　　　　　　　　　　　　　　　　中新世後期
山西　　　　　　Shanxi　　　　　　　　　　　　　　　　　　　　　　山西省

保德四稜齒象
上新世早期
山西保德
Tetralophodon exoletes Hopwood, 1935
Early Pliocene
Baode, Shanxi
テトラロフォドン
鮮新世前期
山西省 保德

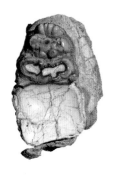

淮河古劍齒象　　*Stegolophodon hueiheensis* Zhou, 1959　　　ステゴロフォドン
上新世　　　　　Pliocene　　　　　　　　　　　　　　　　　鮮新世
淮河流域　　　　Huaihe River area　　　　　　　　　　　　　安徽省 淮河流域

漸新世古乳齒象生態圖
The ecological view of Oligocene elephant.
漸新世のマストドンの環境復元図

銀南嵌齒象
中新世中期
寧夏呉忠、同心
Gomphotherium yinnanensis Guan, 1996
Middle Miocene
Wuzhong & Tongxin, Ningxia
ゴンフォテリウム
中新世中期
寧夏回族自治区 呉忠・同心

中寧鋸鏟齒象
中新世中期
寧夏同心
Serbelodon zhongningensis Guan, 1986
Middle Miocene
Tongxin, Ningxia
セルベロドン
中新世中期
寧夏回族自治区 同心

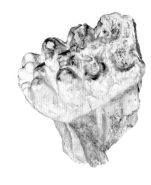

互棱齒象
中新世―上新世
甘肅靈臺
Anancus sp.
Miocene–Pliocene
Lingtai, Gansu
アナンクス
中新世―鮮新世
甘粛省 霊台

托氏鏟齒象
中新世
寧夏同心
Amebelodon tobieni Guan, 1986
Miocene
Tongxin, Ningxia
アメベロドン
中新世中期
寧夏回族自治区 同心

上門齒
Upper tusk
上門歯

羅茨脊棱齒象
上新世晚期
雲南羅茨
Stegotethrabelodon lociensis Guan, 1988
Late Pliocene
Luoci, Yunnan
ステゴテトラベロドン
鮮新世後期
雲南省 羅茨

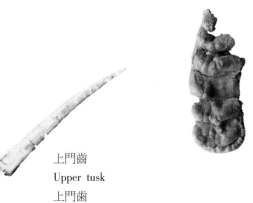

板歯象化石産地

The fossil site of shovel-tusked elephant.

プラチベロドン化石の産地

寧夏中新世含化石地層及化石採集者

A fossil hunter and the Miocene fossilferous bed in Ningxia.

寧夏中新世化石の地層および化石採集の様子

同心嵌歯象
中新世
寧夏同心
Gomphotherium tongxinensis Chen, 1994
Miocene
Tongxin, Ningxia
ゴンフォテリウム
中新世
寧夏回族自治区 同心

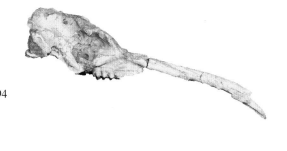

寧夏同心中新世中期(1500萬年前)板歯象動物群

Middle Miocene (about 15 million years ago) *Platybelodon* fauna of Tongxin, Ningxia.

寧夏回族自治区同心(中新世)のプラチベロドン動物群

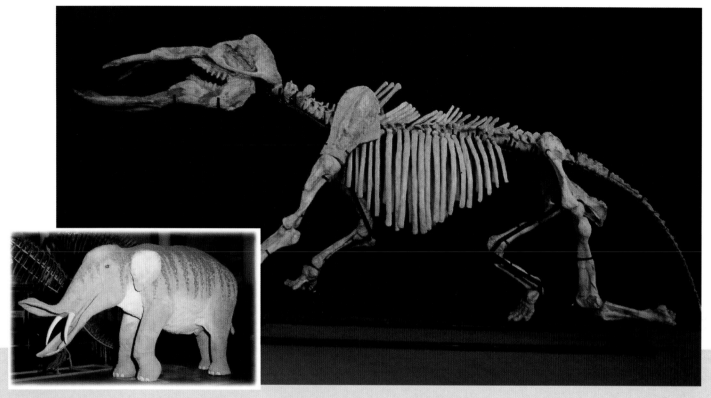

板齒象復原像
A reconstruction of shovel-tusked elephant
プラチベロドンの復元像

坦氏板齒象陳氏亞種
中新世中期
寧夏同心

Platybelodon danovi cheni Guan, 1986
Middle Miocene
Tongxin, Ningxia

プラチベロドン
中新世中期
寧夏回族自治区 同心

板齒象是一類古老的長頜乳齒象，極爲特化，因其下頜聯合部和下門齒成板狀而得名。在生物進化過程中，它以其獨特性狀成爲獨立的一個支系。研究象類的歷史必須首先了解板齒象。板齒象在南歐、中東和中國都有發現，是中新世的標準化石。現在北京自然博物館保存着4具完整骨架，其中雄性3具，雌性1具。雌性頭骨細長，雄性頭骨粗壯。

This particular ancient *Mastodon*, discovered in northwestern China, was named for its long narrow, shovel-like tusks. With a short, somewhat flat trunk, it has very different living habits from the modern elephant. However, the size is approximately the same. The shovel-like mandible and plate-like tusks were used to dredge up plants. The trunk was used to aid in securing plants to the shovel while uprooting and lifting the grass or water vegetation from the swamp areas.

この特殊な古代ゾウは中国西北部で産出されに。長くて狭いシャベル状の下顎骨と一対の板状の切歯を持つことからこの名がついた。短く平らな鼻を持ち、生息場所は現生ゾウとは全く異なっていたと考えられる。板状の切歯は植物を掘り返すのに使われた。鼻は掘り起こした草や沼地の水草を持ち上げる間、下顎に押さえつけておくためや、水を飲むために使われたと考えられる。プラチベロドン状下顎のゾウは中新世中期の典型的な動物である。北京自然博物館には4つの骨格が保管されている。

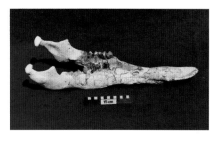

坦氏板齒象幼年個體下頜骨
Mandible of a juvenile *Playbelodon danovi*.
プラチベロドンの幼年の個体の下顎骨

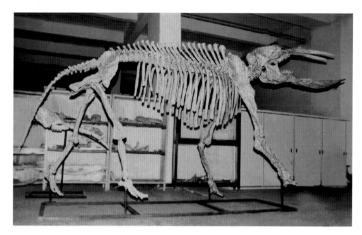

保存在北京自然博物館的雌性板齒象骨架。

A female skeleton of *Platybelodon danovi* housed in Beijing Natural History Museum.

北京博物館に保管されているメスプラチベロドンの骨格

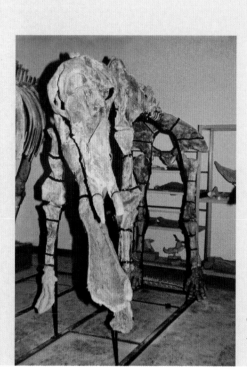

坦氏板齒象雄性個體骨架

The skeletons of male *Platybelodon danovi*.

プラチベロドン の骨格

已故北京自然博物館館長周明鎮(左)、現任館長艾春初(中)和古生物學家關鍵(右)在一起討論板齒象的研究計劃。

Zhou Mingzhen(left), former curator of Beijing Natural History Museum, Ai Chunchu(middle), curator in charge of the museum now, and paleontologist Guan Jian(right) discussing the research project of *Platybelodon danovi*.

周明鎮氏（前北京自然博物館館長、故人）、艾春初氏（現館長）、関鍵（古生物研究者）氏によるプラチベロドン（板歯象）の研究計画の討議。

20年代美國中亞考察團採自內蒙古的葛氏板齒象化石,現保存在紐約自然歷史博物館。

The skull materials of *Platybelodon grangeri*, collected by an American expedition team during the 1920´s from Neimenggu, are on display in the American Museum of Natural History in New York.

1920年代にアメリカ中央アジア調査団によって、内モンゴル自治区で発見された、プラチベロドン・グランゲリ。現在ニューヨークのアメリカ自然史博物館に展示されている。

葛氏板齒象
中新世中期
内蒙古通古爾
Platybelodon grangeri Osborn, 1929
Middle Miocene
Tunggur, Neimenggu
プラチベロドン
中新世中期
内モンゴル自治区　通古爾(トングル)

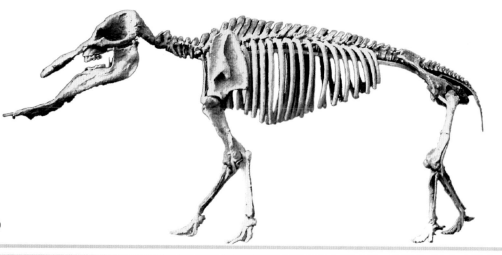

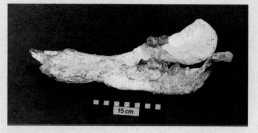

幼年坦氏板齒象下頜骨
Mandible of a juvenile *Platybelodon danovi*.
プラチベロドン の幼年の個体の下顎骨

幼年坦氏板齒象頭骨
Skull of a juvenile *Platybelodon danovi*.
プラチベロドンの幼年の個体の頭骨

坦氏板齒象頭骨
Skull of *Platybelodon danovi*.
プラチベロドンの頭骨

陳列在北京自然博物館大廳中的坦氏板齒象
A skeleton of *Platybelodon danovi* on display in Beijing Natural History Museum.
北京自然博館に展示されているプラチベロドンの骨格

寧夏同心中新世景觀

A reconstruction of Tongxin Miocene fauna.

寧夏同心中新世の環境復元図

中國乳齒象復原圖

A living-view of *Sinomastodon* sp.

シノマストドンの復元図

保存在甘肃省博物館的托氏鏟齒象下頜骨

A lower jaw of *Amebelodon tobieni* from Gansu Provincial Museum.

甘肃省博物館に保管されているアメベロドンの下顎骨

保存在密爾沃基博物館的坦氏板齒象模型

A cast skeleton of shovel-tusked elephant displayed in the Milwaukee Public Museum.

ミルワユケ博物館に保管されているプラチベロドンの模型

坦氏板齒象上頜骨

An upper jaw of shovel-tusked elephant.

プラチベロドンの上顎骨

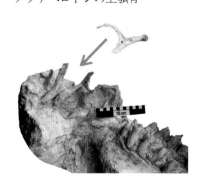

坦氏板齒象的舌骨

A hyoid bone of shovel-tusked elephant from Tongxin.

プラチベロドンの舌骨

保存在北京自然博物館的不同年齢的坦氏板齒象上頜骨(上)和下頜骨(下)。
Upper jaws (above) and lower jaws (below) of *Platybelodon danovi* in varied ages housed in Beijing Natural History Museum.
北京自然博物館に保管されている様々な年齢のプラチベロドンの上顎骨(上)と下顎骨(下)。

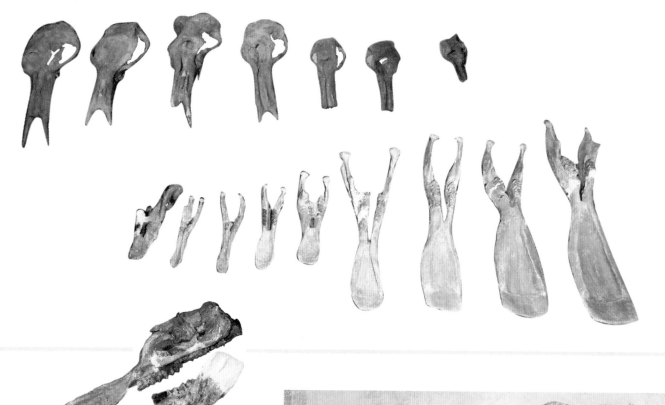

坦氏板齒象頭骨
Skull of *Platybelodon danovi.*
プラチベロドンの頭骨

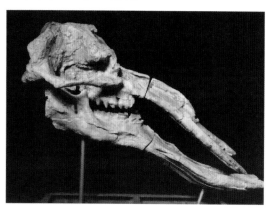

谷本正浩先生繪制的板齒象頭骨復原像
A reconstruction of shovel−tusked elephant by Mr. Tanimoto.
谷本正浩先生が描いたプラチベロドンの復元図

山東山旺中新世景觀
Reconstruction of Miocene fauna in Shanwang, Shandong.
山東省山旺中新世の環境復元図

托氏鏟齒象
中新世
寧夏同心
Amebelodon tobieni
Miocene
Tongxin, Ningxia
アメベロドン
中新世
寧夏回族自治区 同心

保存在甘肅省地質局的板齒象下門齒
The lower tusk of *Platybelodon danovi* housed in the Geological Bureau of Gansu Province.
甘肅省地質局に保管されているプラチベロドンの下門歯

坦氏板齒象頭骨
Skull of *Platybelodon danovi*.
プラチベロドンの頭骨

中新世晚期(500萬年前)大唇犀—古長頸鹿動物群
Chilotherium and *Shansitherium* fauna in late Miocene
(5 million years ago).
中新世後期(500万年前) キロテリウムーシャンシ
テリウム動物群

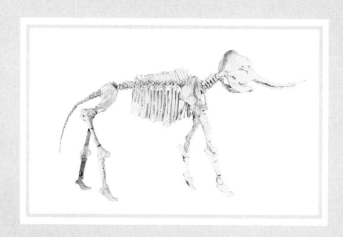

漢江中國乳齒象是嵌齒象中的原始種，產地爲中亞地區。這具完整骨架發現於中國陝西省漢中地區。它的牙齒具切割和研磨雙重功能，與美洲乳齒象和世界上其他地區的嵌齒象均有所不同。

Sinomastodon hanjiangensis is a primitive species of gomphotherid mastodon and was native to central Asia. This skeleton was discovered in the Hanjiang area of Shaanxi Povince. Its teeth form shares a combined "buno-mono" type, which is distinct from the American mastodonts and old world gomphotherids.

漢江シノマストドンはこの仲間の中では原始的なゾウであり、中亞で発見されている。これは、世界の他の地域で見つかったシノマストドンと異なるところがある。

保存在陝西地質局博物館的漢江中國乳齒象
The fossil skeleton of *Sinomastodon hanjiangensis* preserved
in the Museum of Geological Bureau, Shaanxi Province.
陝西地質博物館に保管されている漢江シノマストドン

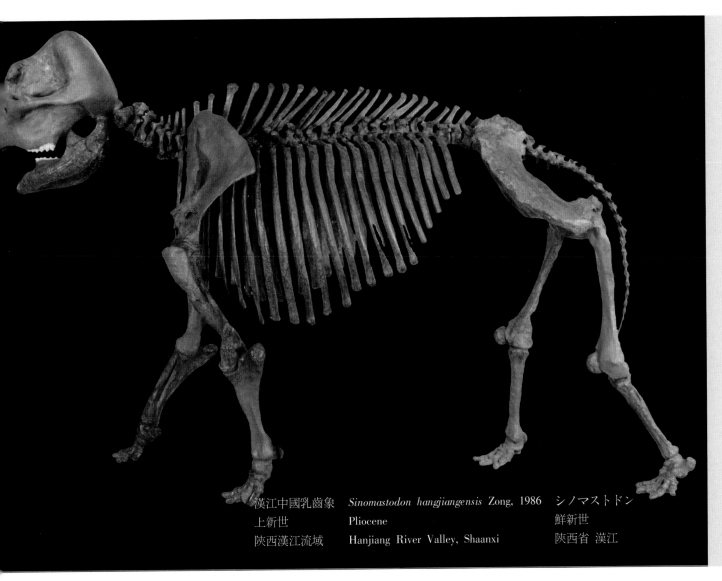

漢江中國乳齒象　*Sinomastodon hangjiangensis* Zong, 1986　シノマストドン
上新世　　　　Pliocene　　　　　　　　　　　　　鮮新世
陝西漢江流域　Hanjiang River Valley, Shaanxi　　陝西省 漢江

黄河象
更新世早期
甘肅合水
Stegodon huanghoensis Zheng *et al.*, 1975
Early Pleistocene
Heshui, Gansu
ステゴドン（黄河象）
更新世前期
甘粛省 合水

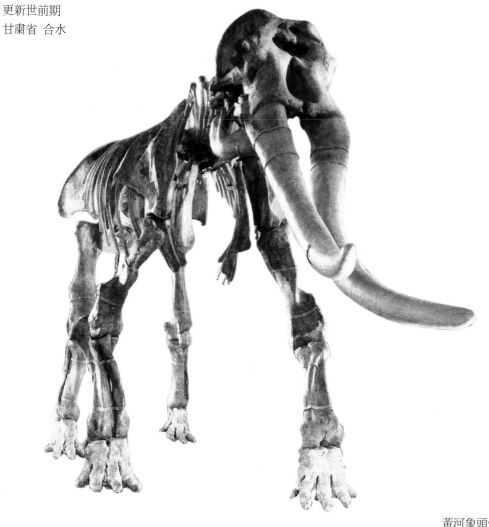

黄河象頭骨
Skull of *Stegodon huanghoensis*.
黄河象の頭骨

黄河象是上新世時期生活在中國西北地區的一種劍齒象。它是目前世界上發現的最大和最完整的劍齒象。
Stegodon huanghoensis lived *in* northwestern China in Pliocene period. This is the most complete and biggest *Stegodon* skeleton found in the world.
黄河象は鮮新世に中国西北部に生息していたステゴドンゾウである。ステゴドンは、中国のゾウの標本の中で最も数が豊富である。黄河象は、世界のゾウの中で最も完全で大きなゾウの一つである。

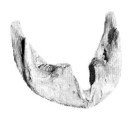

東方劍齒象
更新世中期
廣泛分布于中國
Stegodon orientalis Owen, 1870
Middle Pleistocene
Widely distributed in China
ステゴドン(トウヨウゾウ)
更新世中期
中国の広範囲に分布

劍齒象第三臼齒
上新世—更新世
廣泛分布于中國
The third molar of *Stegodon* sp.
Pliocene–Pleistocene
Widely distributed in China
ステゴドンの第三大臼歯
鮮新世—更新世
中国の広範囲に分布

保存在北京自然博物館的黄河劍齒象模型
The cast of *Stegodon huanghoensis* stored in Beijing Natural History Museum.
北京自然博物館に保管されている黄河象模型

黄河象復原圖
Reconstruction of living–view of *Stegodon huanghoensis*.
黄河象の復元図

劍齒象主要分布在亞洲。生活在河邊樹叢中，以嫩枝和樹葉爲食。
The *Stegodon*, with a long skull, fed on tender twigs and leaves.
ステゴドンは大きな上顎切歯を持っていたが、下顎は退化していた。主に小枝や草を食べていた。

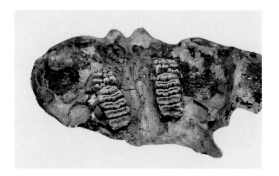

昭通劍齒象　　　　　ステゴドン
更新世早期　　　　　更新世前期
雲南昭通　　　　　　雲南省 昭通
Stegodon zhaotungensis Shi et Guan, 1981
Early Pleistocene
Zhaotong, Yunnan

納瑪象　　　　　　　パレオロックスドン
更新世晚期　　　　　更新世後期
安徽蒙城　　　　　　安徽省 蒙城
Palaeoloxodon namadicus Falconer et Cautley, 1846
Late Pleistocene
Mengcheng, Anhui

古菱齒象　　*Palaeoloxodon* sp.　パレオロックスドン
更新世晚期　　Late Pleistocene　更新世後期
北京地區　　　Beijing　　　　　北京地区

古菱齒象復原圖
A reconstruction of *Palaeoloxodon*
パレオロックスドンの復元図

淮河古菱齒象
更新世晚期
安徽懷遠
Palaeoloxodon huaiheensis
Liu, 1978
Late Pleistocene
Huaiyuan, Anhui
パレオロックスドン
更新世後期
安徽省 懷遠

諾氏古菱齒象
更新世晚期
北京
Palaeoloxodon naumanni Makiyama, 1924
Late Pleistocene
Beijing
パレオロックスドン（ナウマゾウ）
更新世後期
北京市地区

眞猛獁象復原圖
A reconstruction of *Mammuthus primigenius*.
マンモスの復元図

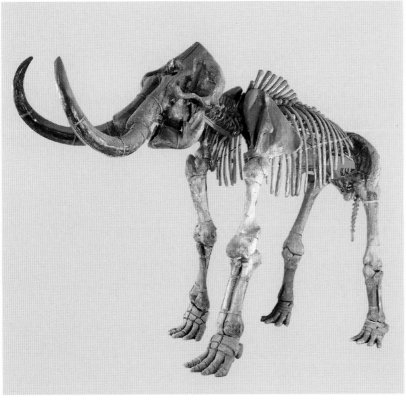

眞猛獁象
更新世早期
黑龍江
Mammuthus primigenius Blumenbach, 1799
Early Pleistocene
Heilongjiang
マンモス
更新世前期
黒竜江省

眞猛獁象化石在中國內蒙古及黑龍江極為豐富。左圖為陳列在黑龍江省博物館的眞猛獁象骨架。

Mammuthus in China was distributed in high latitude area. In Neimenggu and Heilongjiang, this animal had been abundantly produced. This huge skeleton was discovered in a coal mine of Heilongjiang near Russia and now standing in Heilongjiang Provincial Museum.

マンモスは中国国内では高緯度に分布していた。このため、化石は内モンゴルおよび黒竜江省で豊富に産出される。上図の骨格は、ロシアの近くの黒竜江省の炭鉱で発見され、黒竜江博物館に展示されているマンモスゾウである。

古菱齒象是產自華東地區和日本的重要化石。與該地區的典型古菱齒象相比，這具骨架十分碩大，與中國和日本之間大陸架海底發現的古菱齒象個體與形態相同。該骨架肩高 3.9 米，象牙尖至尾尖長度為 9 米。

Palaeoloxodon is an important fossil in eastern China and Japan. It is same to the big size *palaeoloxodon* from the sea shelf area between China and Japan. This skeleton is 3.9 meters high at the shouder and 9 meters long from the tip of the tusk to the tail.

パレオロックスドンは中国東部と日本では重要な化石である。中国で見つかったパレオロックスドンは、日本のものより体が大きいのが特徴である。

古菱齒象	*Palaeoloxodon* sp.	パレオロックスドン
更新世	Pleistocene	更新世
河北保定	Baoding, Hebei	河北省 保定

髖骨　Hipbone　寛骨　　　上頜骨　Upper jaw　上顎骨

北京自然博物館是中國最大的自然歷史博物館。該館有 60 多位科學家，職員總數達 120 人，下轄 6 個研究室，即動物研究室、第一古生物研究室、第二古生物研究室、人類研究室、生態研究室和植物研究室。古生物學是本博物館的重點學科，保存的化石標本達 20000 號之多，大多數是採集自寧夏的哺乳動物化石。收藏有 18 具完整和近完整的古哺乳動物骨架，居全國古哺乳動物骨架化石數量之首。

Beijing Natural History Museum is the largest museum of natural history in China. Over 60 scientists and a total of 120 staff are working within 6 departments: Zoology, First Paleontology, Second Paleontology, Anthropology, Ecology and Botany. Paleontology is the most remarkable discipline in this museum. More than 20000 fossil specimens are stored here and most are mammal fossils collected from Ningxia. 18 complete and nearly complete fossil skeletons of fossil mammals housed in this museum share the richest collection of mammalian fossil skeletons in China.

北京自然博物館は、中国で最大の自然史博物館である。60 人の研究者をはじめとして、職員は 120 人がいる。博物館には動物研究室、第一古生物研究室、第二古生物研究室、人類研究室、生態研究室および植物研究室など六つの研究室に分かれており、古生物分野は博物館の中で最も重要な分野である。寧夏から採集された哺乳動物化石の数は多く、さらに 18 個のゾウ化石の骨格があって全国的に有名である。

古生物二室標本庫房
The storage of Second Department of Paleontology
古生物第二室の標本庫

"中國古象群展"中的眞猛獁象及其狩獵者
The *Mammuthus* and his hunters in the exhibition of
Ancient Elephant in China.
"中国古象展示會"で展示されているマンモスと狩猟者

1996年夏天舉辦的以在中國發現的各類古象爲主題的
"中國古象群展"專題展覽
A special exhibition about ancient elephants found in
China held in the museum during the summer of 1996.
1996年夏に、中国で見つかったさまざまなゾウ化石
をテーマに特別展示會が開催された。

展覽中的骨架
Skeletons on display.
展示されているゾウ化石の骨格

更新世晚期華北景觀
A reconstruction of north China in late Pleistocene.
中国北方の更新世後期のマンモスの環境復元図

古哺乳動物　Fossil Mammals　哺乳類化石

衡陽原脊齒馬　*Propalaeotherium hengyangensis* Young, 1944　衡陽　プロパレオテリウム
始新世早期　Early Eocene　始新世前期
湖南衡阳　Hengyang, Hunan　湖南省 衡陽

三趾馬　*Hipparion* sp.　ヒッパリオン
中新世　Miocene　中新世
甘肅廣河　Guanghe, Gansu　甘粛省 広河

三趾馬是典型的中新世和上新世動物。它體格中等，足具三趾，中趾非常強壯有力，其它趾則因退化而不能接觸地面。該動物適應草原生活，廣泛分布于亞洲、歐洲、美洲和非洲大陸。

Hipparion was a typical Miocene and Pliocene horse, with only three toes on foot. Its middle toe was very strong, while the other two toes had degenerated not to contact the ground. Well adapted to grass lands during Miocene, *Hipparion* had been widely distributed on the continents of Asia, Europe, America and Africa.

ヒッパリオンは中新世後期から鮮新世の代表的な動物である。中型で指は三本あり、中指が非常に発達しており、その他の指は退化して地面には接触していなかった。ヒッパリオンは中新世に発達した草原に適応し、アジア.ヨーロッパ、アメリカ、およびアフリカなど三つの大陸に広く分布していた。

三趾馬復原圖
A reconstruction of *Hipparion* sp.
ヒッパリオンの復元図

三趾馬
中新世
華北
Hipparion sp.
Miocene
Northern China
ヒッパリオン
中新世
華北

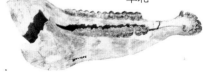

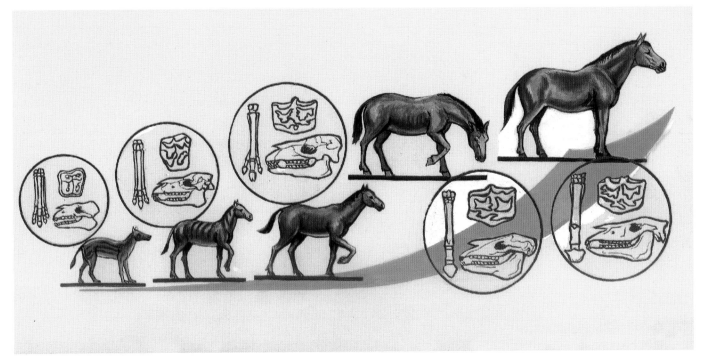

馬的進化　Evolution of horse　ウマの進化

側視　Side view　側面観

普氏野馬頭骨
Skull of *Eqqus prezwalskyi*
モウコノウマの頭骨

頂視　Top view　頂面観

普氏野馬	*Eqqus prezwalskyi* Poliakof, 1890	エクウス(モウコノウマ)
更新世晚期	Late Pleistocene	更新世後期
華北	Northern China	中国北部

普氏野馬同現代野馬近似，生活在中國北部和西北部的草原上。

Eqqus przewalskyi is similar to the modern wild horse. It lived in the grassland in north and northwest of China.

エクウス (モウコノウマ) は現生の野生馬に似ていて、中国北部と西北部の草原に生息していた。

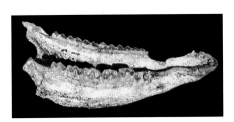

齊氏中華馬　　シノヒップス
上新世　　　鮮新世
内蒙古　　　内モンゴル自治区
Sinohippus zitteli Schlosser, 1903
Pliocene
Neimenggu

中華馬是 700 萬年前生活在內蒙古草原上的一類馬。

A kind of special horse living in the grass-forest land in 7 million years ago in Neimenggu.

シノヒップスは 700 万年前、内モンゴルの草原に生息していた馬の一種である。

中華馬復原圖
A reconstruction of *Sinohippus zitteli*
シノヒップスウマの復元図

蒙古鼻雷獸
始新世晚期
内蒙古
Rhinotitan mongoliensis Osborn, 1925
Late Eocene
Neimenggu
リノチタン
始新世後期
内モンゴル自治区

保存在内蒙古博物館的蒙古鼻雷獸骨架
The skeleton of *Rhinotitan mongoliensis* housed in the Neimenggu Museum.
内モンゴル博物館に保管されているリノチタン

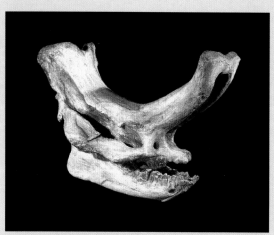

安氏大角雷獸	*Embolotherium andrewi* Osborn, 1929	エムボロテリウム
漸新世	Oligocene	漸新世
内蒙古	Neimenggu	内モンゴル自治区

保存在中科院古脊椎動物與古人類研究所的蒙古鼻雷獸骨架
The skeleton of *Rhinotitan mongoliensis* housed in IVPP.
古脊椎動物研究所に保管されているリノチタンの骨格

解家河古貘　*Palaeotapirus xiejiaheensis* Xie, 1979　パレオタピルス
中新世中期　Middle Miocene　中新世中期
山東山旺　Shanwang, Shandong　山東省 山旺

華南巨貘
更新世中期
華南
Megatapirus augustus Matthew
et Granger, 1923
Middle Pleistocene
South of China
メガタピルス
更新世中期
中国南部

爪獸復原圖
A reconstruction of *Chalicotherium*
カリコテリウムの復元図

無角犀
中新世晚期
陝西府谷
Aceratherium sp.
Late Miocene
Fugu, Shaanxi
アケラテリウム
中新世後期
陝西省 府谷

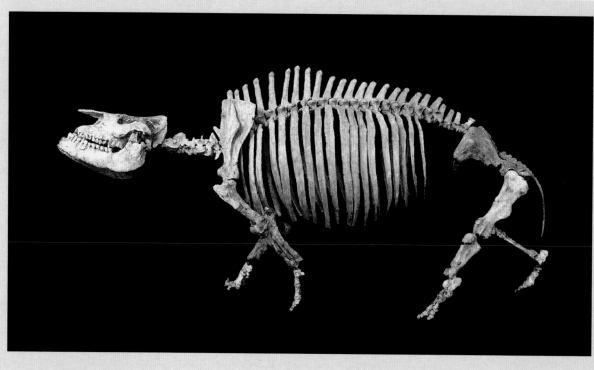

大唇犀
中新世晚期
陝西府谷
Chilotherium sp.
Late Miocene
Fugu, Shaanxi
キロテリウム
中新世後期
陝西省 府谷

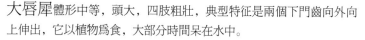

大唇犀復原圖
Chilotherium sp. (reconstruction)
キロテリウムの復元図

大唇犀體形中等，頭大，四肢粗壯，典型特征是兩個下門齒向外向上伸出，它以植物為食，大部分時間呆在水中。

Chilotherium, with a larger head, is similar to *rhinoceros*. Its two lower incisors curve rapidly with an angle of approximately 30 degrees. The skeleton has very heavy limbs, and this animal may have appeared clumsy. *Chilotherium* was a plant–eater, probably spent most of its time in rivers and nearby banks. *Chilotherium* was a very important animal in the *Hipparion* fauna in late Miocene.

キロテリウムは、大きな頭を持ったサイで、リノケロスに似ている。
キロテリウムは、ヒッパリオン動物群を構成する重要な種である。

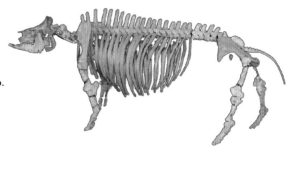

細近無角犀　　　プレシアケラテリウム
中新世中期　　　中新世中期
山東山旺　　　　山東省 山旺
Plesiaceratherium gracile Young, 1937
Middle Miocene
Shanwang, Shandong

準噶爾巨犀
漸新世晚期
新疆
Dzungariotherium orgosensis Chiu, 1973
Late Oligocene
Xinjiang
ズンガリオテリウム
漸新世後期
新疆ウイグル自治区

小巨犀復元圖
A reconstruction of *Indricotherium parvum.*
インドリコテリウムの復元図

無角犀	*Aceratherium* sp.	アケラテリウム
中新世中期	Middle Miocene	中新世中期
寧夏同心	Tongxin, Ningxia	寧夏回族自治区 同心

小巨犀
漸新世晚期
內蒙古
Indricotherium parvum Chow, 1958
Late Oligocene
Neimenggu
インドリコテリウム
漸新世後期
内モンゴル自治区

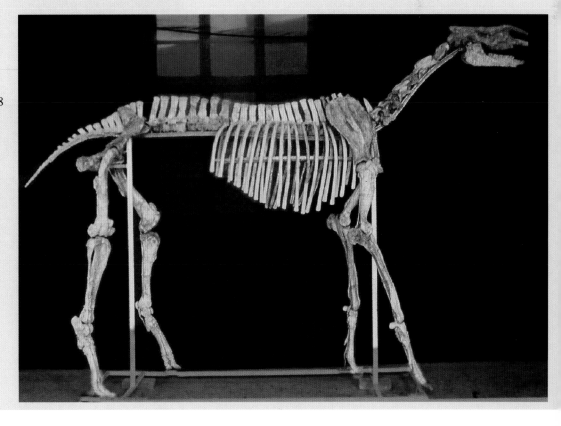

同心堊齒犀
中新世中期
寧夏同心
Caementodon tongxinensis Guan, 1992
Middle Miocene
Tongxin, Ningxia
カエメントドン
中新世中期
寧夏回族自治区 同心

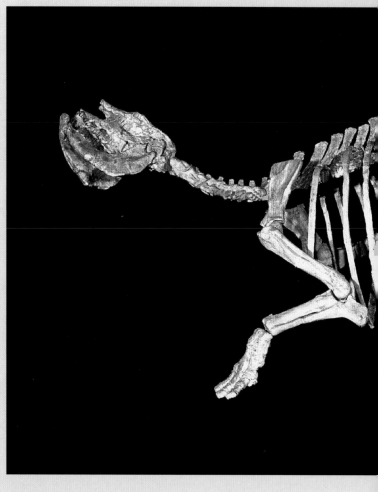

堊齒犀是一種個體較小的犀牛,它的頰齒白堊質極其發育,故得名堊齒犀。它沒有現代犀牛頭上的那雙頂角,是一種比較原始的犀牛。它生活在低地的灌木叢,以低矮植物爲食。
The *Caementodon tongxinensis*, discovered by the mammalian expedition team of Beijing Natural History Museum, is the first report of the small primitive Elasmotherid skeleton in the world. It lived near shallow water.
比較的小型のサイで、臼歯のセメント質が非常に発達していることから堊齒犀の名が付いた。頭部には現代のサイのような二本の角はなく、比較的原始的なサイである。低地の灌木林に生息し、背の低い植物を食べていた。

原始埋藏的肋骨
Ribs in the rock.
肋骨の保存状態

成年上頜骨
Upper jaw of an adult.
成体の上顎骨

修復同心堊齒犀骨架
A skeleton being repaired.
クリーニング中のカエメントドンの骨格

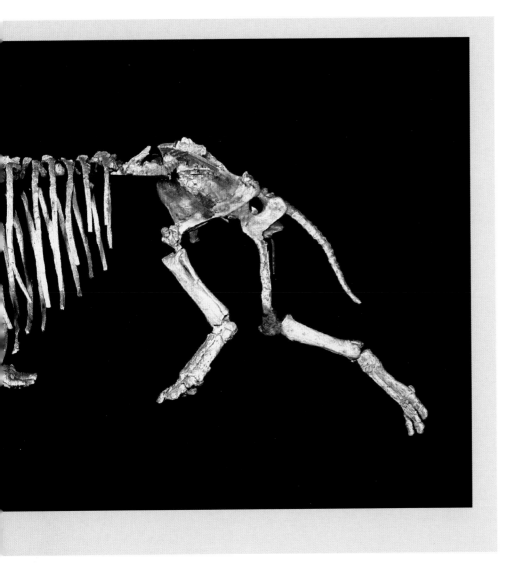

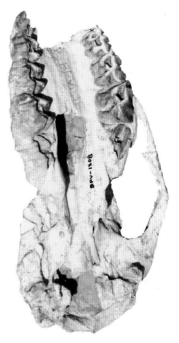

幼年頭骨
Skull of a juvenile.
幼年の個体の頭骨

埋藏狀態的埿齒犀
The skeleton in the rock.
カエメントドンの産状

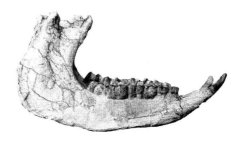

成年下頜骨
Lower jaw of an adult.
成体の下顎骨

149

天山副巨犀　*Paraceratherium tienshanensis* Chow et Xu, 1959　パラケラテリウム
漸新世早期　Early Oligocene　漸新世前期
新疆吐魯番　Turpan, Xinjiang　新疆ウイゲル自治区　吐魯番

吐魯番巨犀博物館里的天山副巨犀
The skeleton of *Paraceratherium tienshanensis* in the Giant Rhino Exhibition Hall of Turpan Museum.
吐魯番巨犀博物館に展示されているパラケラテリウム

天山副巨犀是地球生命史中最大的陸生哺乳動物，其肩高4米多，體長9米多，屬于巨犀類，生活在2000萬年前中國西北（內蒙古和新疆）一帶。此骨架發現于1986年。

The giant rhino lived in early Oligocene of Asia is the largest terrestrial mammal of the prehistory world. This animal is more than 4 meters high at shoulder and reaches 9 meters in length. It has long limbs, suitable for running, and has no any horns. It grew larger and larger in order to eat leaves on the top of trees. It evolved in a totally special way. Discovered in 1986, this skeleton was mounted by the Second Department of Paleontology, Beijing Natural History Museum, and on display in the Giant Rhino Exhibition Hall of Turpan Museum, Xinjiang.

天山副巨犀脊椎
The vertebrates of *P. tienshanensis*
パラケラテリウムの椎骨

パラケラテリウム（天山副巨犀）は、アジアの始新世後期に生息していた特殊な種類で、生命史上最大の陸生哺乳動物である。肩の高さは高4m以上、体長は9m以上に達する。長い四肢は走るのに適していた。角はない。木の先端の葉を食べて成長した。この骨格は1986年に発見され、北京自然博物館の古生物第二研究室で組み立てられ、新疆のトルファン博物館の巨犀展示室に展示されている。

副巨犀脚骨
Foot bone of *Paraceratherium* sp.
パラケラテリウムの足骨

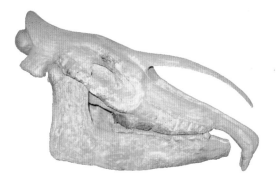

保存在北京自然博物館里的副巨犀頭骨
A skull of *Paraceratherium tienshanensis* preserved
in Beijing Natural History Museum.
北京自然博物館に保管されているパラケラテリウ
ムの頭骨

漸新世(2000萬年前)巨犀動物群復原圖
A reconstruction of Oligocene (20 million years ago) giant rhino fauna.
新疆地域にパラケラテリウム　が生息していた鮮新世後期の復元図

這具板齒犀骨架是 1996 年在陝西旬邑地區發現的，它與黃河劍齒象共生。

This skeleton of *Elasmotherium* sp. was discovered in 1996. It came from the same fauna of *Stegodon huanghoensis* (Huanghe elephant).

このエラスモテリウムは1996 年に陝西省旬邑で発見されて、黄河象と共に生息していた。

板齒犀	*Elasmotherium* sp.	エラスモテリウム
更新世早期	Early Pleistocene	更新世前期
陝西旬邑	Xunyi, Shaanxi	陝西省 旬邑

下頜骨
Lower jaw
エラスモテリウムの下顎骨

上頜骨
Upper jaw
陝西旬邑地域で発見された
エラスモテリウムの上顎骨

臼齒
Molars
エラスモテリウムの臼歯

板齒犀復原圖
The reconstruction of *Elasmotherium* sp.
エラスモテリウムの復元図

裴氏板齒犀	*Elasmotherium peii* Chow, 1958	エラスモテリウム
更新世早期	Early Pleistocene	更新世前期
山西	Shanxi	山西省

披毛犀
更新世晚期
內蒙古
Coelodonta antiquitatis Blumenbach, 1807
Late Pleistocene
Neimenggu
コエロドンタ(ケサイ)
更新世後期
内モンゴル自治区

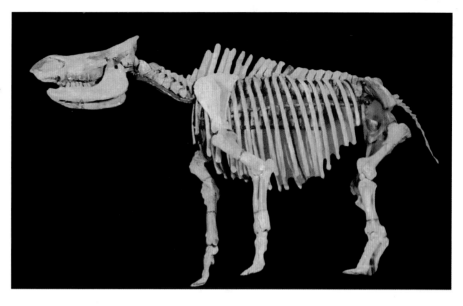

在黑龍江省發現的披毛犀頭骨
A skull of *Coelodonta antiquitatis* found in Heilongjiang Province.
黒竜江省で発見されたコエロドンタの頭骨

披毛犀最長可達3米，體表長滿粗毛。它的頭長，口鼻部位有一雙大角。老年雄性前邊的角最長可達1米多。它生活在冰川邊緣的凍土帶或無樹大平原上，以苔原上的草和生長緩慢的灌木爲食。它起源于東亞，在更新世的冰川期曾廣布于歐亞大陸的北部。
Coelodonta antiquitatis is commonly called woolly rhinoceros. This animal was covered with thick coarse wool. There are two big horns set on the front head near the mouth and nose. The front horn in old individual can be one meter long. Like the woolly mammoth, it lived on tundra across the north of Europe and Asia during glacial period.
コエロドンタ(ケサイ)の最大のものは体長3mにも達し、体表は太い毛で覆われていた。頭部は長く、口部と鼻部に二本の大きな角があった。老年の雄の角は1m以上にもなった。マンモスのように、ツンドラ地帯の草や成長の遅い灌木等を食べて生息していた。コエロドンタは東アジアに起源を持ち、更新世の水河期にアジア大陸の北部に広く分布していた。

披毛犀復原圖　　The reconstruction of *Coelodonta antiquitatis*.　　コエロドンタ(ケサイ)の復元図

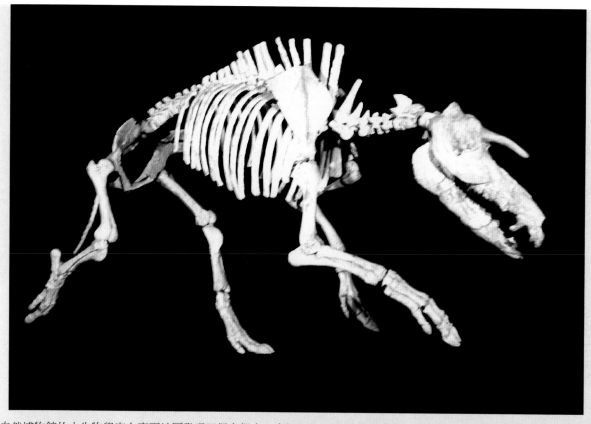

北京自然博物館的古生物學家在寧夏地區發現了保存得十分完好的若干具庫班豬頭骨以及這具比較完好的骨架化石。這里展出的巨型庫班豬骨架爲世界上首具。

Some complete skulls and the postcranial bones of *Kubanochoerus* were discovered in Tongxin, Ningxia by paleontologists from Beijing Natural History Museum in 1987. This is the the first skeleton of *Kubanochoerus* in the world.

クバノコエルスのいくつかの完全な 頭骨と骨格は、寧夏回族自治区の同心で北京自然博物館の古生物学者によって発見された。これは、世界で最初のクバノコエルスの骨格である。

巨型庫班豬李氏亞種	*Kubanochoerus gigas lii* Guan et Made, 1993	クバノコエルス
中新世中期	Middle Miocene	中新世中期
寧夏同心	Tongxin, Ningxin	寧夏回族自治区　同心

在距今 1500 萬年前左右，地球上曾經出現過一類體型巨大的豬。它體大如牛，足有現代家豬的兩倍大。長長的頭骨，在眼眶上方兩側各有一 "角" 狀突起。更爲奇特的是，自它的前額正中，向前方斜伸出一個長約 27 厘米長的大 "角"（前額突），庫班豬曾生活在中國的西北部、南歐和中東的廣大地區。

Kubanochoerus was a pig-like animal being two times larger than today´s domestic pig. The skull of this huge pig was longer and had a horn-like rise on each side above the eye socket and a big "horn" about 27cm long on the front center of the skull. This animal lived in northwestern China, southern Europe and the Middle East.

クバノコエルスは家畜ブタの2倍のあるブタのような動物であった。両方の眼窩の上には、それぞれツノがある。頭骨は長く、その中央部に約27cmのツノのような突起が出ておる。

巨型庫班豬復原圖

A reconstruction of *Kubanochoerus gigas*.

クバノコエルスの復元図

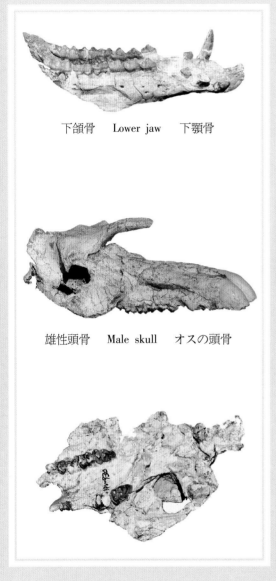

下頜骨　Lower jaw　下顎骨

雄性頭骨　Male skull　オスの頭骨

巨型庫班豬李氏亞種
中新世中期
寧夏同心
Kubanochoerus gigas lii Guan, 1993
Middle Miocene
Tongxin, Ningxia
クバノコエルス
中新世中期
寧夏回族自治区 同心

雌性上頜骨（側視）
Upper jaw of a female (Side view)
メスの上顎骨（側面観）

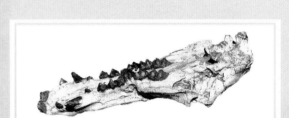

下頜骨
Lower jaw
下顎骨

丘型利齒豬　　*Bunolistriodon* sp.　　ブノリストリオドン
中新世中期　　Middle Miocene　　中新世中期
寧夏同心　　Tongxin, Ningxia　　寧夏回族自治区 同心

一種較大型的利齒豬，犬齒粗大，四肢矮短，由于這種豬的牙齒齒尖平圓，像小丘一樣，故名丘齒型利齒豬。它是一種雜食性動物。
Bunolistriodon was a big size pig. Its canine teeth were very strong and large and its limbs were short. Since the cones on the tooth were round and flat and like little dunes, it was called *Bunolistriodon*. *Bunolistriodon* was an omnivorous animal.
ブノリストリオボンは比較的大型の猪類である。四肢が短く、雑食をしてした。

早在 50 年代，中國科學家就開始研究巨大的豬類化石。由于發現的材料不完整(只有牙齒和破碎的肢骨)，這種特有的豬的祖先類型都被歸屬到原產于非洲的利齒豬類中。寧夏同心的大量豬類化石發現后，根據它額頭上的"角"和巨大的犬齒，古生物學家於是把原來所定的大部分利齒豬重新定爲庫班豬，這對研究中國豬類進化意義重大。
As shortage of complete fossils of ancient pig, most of the *Kubanochoerus* fossils had been mistakenly referred to *Listriodon* (African species). After the abundant materials discovered from Tongxin in the 1980′s, this type of horned pig was corrected into *Kubanochoerus* which was rich in Kuban area of former USSR.
1950 年代には早くも、中国の研究者は巨大な猪類化石の研究を始めていた。産出された化石材料が不完全な物ばかりだったので、この猪は、アフリカ産のリストリオドンの仲間であると考えられた。寧夏同心で大量に化石が産出されてからは、この猪の特徴が、頭の上の角と巨大な犬歯にあるとわかり、ロシアで発見されていたクバノコエルスの仲間と改められた。

石炭獣
始新世晚期—漸新世
廣西
Anthracotheriidae.
Late Eocene–Oligocene
Guangxi
炭獣類
始新世後期—漸新世
広西壮族自治区

古鹿復原圖
A reconstruction of ancient deer
古鹿の復元図

頭骨
Skull
頭骨

皇冠鹿
中新世中期
寧夏同心
Stephanocemas sp.
Middle Miocene
Tongxin, Ningxia
ステファノセマス
中新世中期
寧夏回族自治区　同心

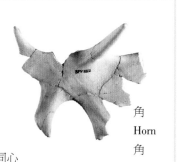

角
Horn
角

皇冠鹿(復原圖)
A reconstruction of *Stephanocemas* sp.
ステファノセマス(復元図)

皇冠鹿是一種小型的鹿類動物，角呈掌狀，角柄中等長度，它主要生活在草原灌木林地帶。

Stephanocemas sp. is a small deer. Its antler looks like a human hand. It lived in bushes on the pasture of eastern and north-western China during Miocene to Pliocene. It is a common element in middle Miocene fauna.

ステファノセマスは小型のシカで、角は手の指を広げたような形で、角座の長さは中程度であった。中新世から鮮新世にかけて、中国東部および西北部の草原の灌木林に生息していた。

狍后麂復原圖
A reconstruction of *Malacervulus capreolinus*.
マラケルブルスの復元図

狍后麂
上新世
華北地區
Malacervulus capreolinus Teihard et Trassaert, 1937
Pliocene
North of China
マラケルブルス
鮮新世
華北

寇氏柄杯鹿　　*Lagomeryx*（skeleton mural）　　ラゴメリックス

寇氏柄杯鹿 *Lagomeryx colberti* Young, 1937 ラゴメリックス
中新世中期　　Middle Miocene
山東臨朐　　Linqu, Shandong

中新世中期
山東省 臨朐

柄杯鹿復原圖
A reconstruction of *Lagomeryx* sp.
ラゴメリックスの復元図

柄杯鹿角心
The horn of *Lagomeryx* sp.
ラゴメリックス角基部

三角原古鹿
中新世中期
山東臨朐
Palaeomeryx tricornis
Middle Miocene
Linqu, Shandong
パレオメリックス
中新世中期
山東省 臨朐

裴氏轉角羚羊復原圖
A reconstruction of *Spirocerus peii*
スピロセルスの復元図

裴氏轉角羚羊
更新世晚期
北京周口店
Spirocerus peii Young, 1932
Late Pleistocene
Zhoukoudian, Beijing
スピロセルス
更新世後期
北京市 周口店

中華中新羊
中新世中期
寧夏同心
Sinomioceros sp.
Middle Miocene
Tongxin, Ningxia
シノミオセルス
中新世中期
寧夏回族自治区　同心

中華中新羊復原圖
A reconstruction of *Sinomioceros* sp.
シノミオセルス復元図

這是北京自然博物館最新發現的府谷山西獸。與現生長頸鹿相比，府谷山西獸的頸較短，眼睛后長有 4 只大角。目前全世界共發現了 3 具該種類的骨架，均保存在北京自然博物館。

Shansitherium fuguensis is the latest discovery of the Beijing Natural History Museum. It has a short neck (compared to the modern giraffe) and four big horns on the top of the skull just behind the eyes. Only three skeletons of this species have been found in the world; they are all preserved in the Beijing Natural History Museum.

これは北京自然博物館が最近発見したシャンシテリウムである。現生のジラフと比べると首が短く、四つの大きな角が頭骨の目の後にある。今まで全世界で発現された三つの骨格は、すべて北京自然博物館にある。

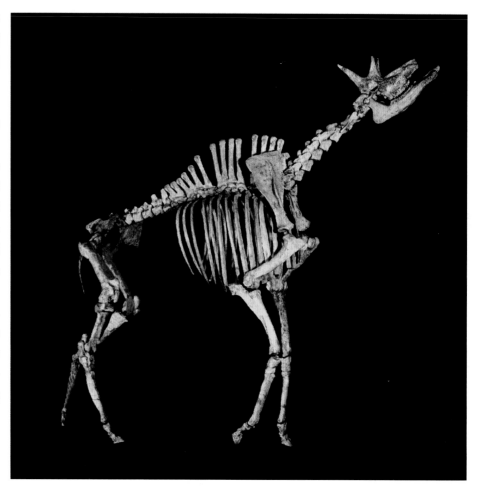

府谷山西獸　　*Shansitherium fuguensis* Guan et Hu, 1997　　シャンシテリウム
中新世晚期　　Late Miocene　　　　　　　　　　　　　　　　　中新世後期
陝西府谷　　　Fugu, Shaanxi　　　　　　　　　　　　　　　　　陝西省　府谷

山西獸(復原圖)
The reconstruction of *Shansitherium fuguensis*.
シャンシテリウム(復元図)

 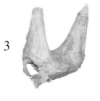 

山西獸(古長頸鹿)上頜骨 1—5　Upper jaw of *Shansitherium*　シャンシテリウムの上顎骨(1—5)

甘肅廣河新第三紀哺乳動物化石極爲豐富。現展示的是許多古長頸鹿角的變异類型。

Abundant fossils from middle Miocene and late Miocene have been discovered in Guanghe, Gansu Province. A variety of the horned giraffe——*Shansitherium* is presented in this page.

甘粛省広河の新第三紀哺乳動物化石は非常に豊富である。

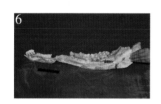 

山西獸(古長頸鹿)下頜
Mandible of *Shansitherium*
シャンシテリウム下顎骨(6, 7)

肢骨
Limbs
シャンシテリウム肢骨

下頜骨原始埋藏
Lower jaws in the rock.
シャンシテリウム下顎骨の埋蔵状態

甘肅廣河地區新第三紀含化石地層
The Neogene sediments in Guanghe, Gansu.
甘粛省広河地域で化石を産出する第三紀地層

古哺乳動物 Fossil Mammals 哺乳類化石

大角鹿是曾在地球上生活過的最大鹿類。它有一雙巨大的角，兩角間的距離最長可達 1.7 米。 大角鹿在更新世的最后一次間冰期非常繁盛，大約從 1.2 萬年前開始衰落。根據角的形狀和其它特征，大角鹿又可分爲不同的種，例如腫骨大角鹿、河套大角鹿和河套大角鹿門頭溝亞種。

Megaloceros is the biggest deer which ever lived on the earth. It has a pair of huge antlers on its head, with the longest distance between the two antlers up to 1.7 meters. *Megaloceros* was widely distributed in Europe and Asia during the largest interglacial period, and began to decline about 12,000 year ago. According to the shape of horns and other features, several species can be distinguished such as *Megaloceros ordosianus*, *Megaloceros pachyosteus* and *Megaloceros ordosianus mentougouensis.*

メガロセロス（オオツノジカ）は、かつて地球上に生息した鹿の中で最大の種である。頭には一対の大きな角を持つ。角の間の最大幅は1.7mある。メガロセロスは、間水期にヨーロッパやアジアに広がり、約 12,000 年前に衰退し始めた。メガロセロス・オルドシアヌス、メガロセロス・パチオステウス、メガロケロス・メントウゴウエンシスなどの化石は、中国全土で広く発見される。

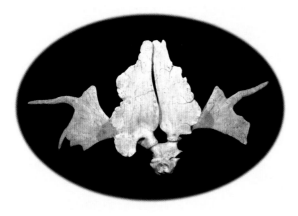

腫骨大角鹿　　*Megaloceros pachyosteus* Young, 1932　　メガロセロス
更新世中期　　Middle Pleistocene　　更新世中期
北京周口店　　Zhoukoudian, Bejing　　北京市 周口店

腫骨大角鹿復原圖
A reconstruction of *Megaloceros pachyosteus.*
腫骨メガロセロスの復元図

河套大角鹿門頭溝亞種復原圖
A reconstruction of *Megaloceros ordosianus mentougouensis.*
メガロセロスの復元図

河套大角鹿門頭溝亞種　　　　メガロセロス
更新世晚期　　　　　　　　更新世後期
北京門頭溝　　　　　　　　北京市 門頭溝
Magaloceros ordosianus mentougouensis Huang et Li, 1989
Late Pleistocene
Mentougou, Beijing

160

河套大角鹿　　*Megaloceros ordosianus* Young, 1932　　メガロセロス
更新世晚期　　Late Pleistocene　　更新世後期
內蒙古　　　　Neimenggu　　　　　内モンゴル自治区

河套大角鹿復原圖
A reconstruction of *Megaloceros ordosianus*.
メガロセロスの復元図

原始牛是一種個體非常大的牛類，約 3 米長，比現生牛大許多。它的角心粗大彎曲，稍旋轉，指向頭的前方，角面上有明顯的縱溝。原始牛是適應草原生活的動物，也是現生家牛的祖先，曾經廣布于歐亞大陸的北部和北非。在人類的不斷獵殺下，原始牛在近代全部絕滅。

Bos primigenius is an extremely large *Bos* with body of 3 meters long. It is much bigger than modern *Bos*. Its horns are not only big and strong, also spiral a little and stretching forward. *Bos primigenius* is the ancestor of modern domestic *Bos*. It widely distributed in the north of Europe, Asia and Africa during late Pleistocene. Unfortunately, hunted extensively by human beings, *Bos primigenius* was extinct recently.

ポス (ゲンシギュウ) は非常に大きなウミ類で、体長約 3m、現生の牛より大きい。その角心は太くて弯曲しており、頭の前部に向いており角の上部には從の溝がある。ポス (ゲンシギュウ) は、草原生活に適応した動物であり。現生家牛の祖先である。かつて、ヨーロッパ、アジア大陸の北部と北部アフリカに分布していた。近年、狩猟により、すべて絶滅した。

原始牛復原圖　　　　　　　　　　原始牛　　　*Bos primigenius* Bojanus, 1827　ポス (ゲンシギュウ)
A reconstruction of *Bos primigenius*　　更新世至近代　Pleistocene to recent　　　更新世—近代
ポス (ゲンシギュウ) の復元図　　　華北　　　　Northern China　　　　　　華北

北京人第一頭蓋骨在北京周口店的發現，揭開了中國古人類研究的新篇章。雲南祿豐古猿和元謀古猿、廣西柳城的巨猿、鄂西建始南方古猿、以及四川巫山猿人、陝西藍田人、雲南元謀人、山東沂源人、湖北鄖縣人、安徽和縣人、江蘇南京人、陝西大荔人、遼寧

金牛山人、山西丁村人、許家窰人、廣東馬壩人、北京山頂洞人等一系列的發現，證明中國是人類起源和進化最重要的地區之一。中國古人類化石的研究爲人類起源、古人類之間的人種關係、遠古時期人類的遷徙和擴散提供了極爲重要的資料。

The first skullcap of Peking Man was found at Zhoukoudian of Beijing, which opens a new chapter in the research history of Chinese ancients. Such several discoveries as *Lufengpithercus* and *Sivapithecus yuanmouensis* of Yunnan, *Gigantopithecus blacki* of Guangxi, *Australopithecus* of Jianshi, Hubei, Wushan Ape-Man of Sichuan, Lantian Man of Shaanxi, Yuanmou Man of Yunnan, Yunxian Man of Hubei, Hexian Man of Anhui, Nanjing Man of

Jiangsu, Dali Man of Shaanxi, Dingcun Man of Shanxi, Maba Man of Guangdong and Upper Cave Man of Beijing, proved that China is one of the important district of origination and evolution of humanbeings. The research on Chinese ancients fossils provides very important information for human origination, race relationship and immigration between ancients in the past.

北京原人第一頭骨が北京周口店で発見され、中国古人類研究の新しいページが開かれた。雲南省鷺豊古猿、広西柳城の巨大古猿、湖北省建始の南方古猿よおよび四川省巫山の猿人、陝西省藍田原人、雲南省元謀人、山東省沂源人、湖北省鄖県原人、安徽省和県原人、江蘇省南京原人，陝西省大荔人、遼寧省金牛

山原人、山西省丁村人、許家窰人、広東省馬壩人、北京山頂洞人など古人類化石の一連の発見により、中国は人類の起源と進化に最も重要な地域の一つであることが証明された。中国古人類化石の研究は、人類の起源、人種の分化、古代の人類移動などの問題の解明について極めて重要な資料を提供している。

人類的近親　Close relatives of humans　霊長類

人類通過長期的自然發展從動物界產生。在動物界中，與人類最爲接近的是猿。

Humans are one of the most recent results of evolution. The ape is the closest living relative of humans.

人類は長い進化の歴史を経て，動物界から生まれ出た。猿は動物界で人類に最も近い生き物である。

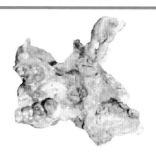

占祥上猿發現於 1984 年，是中國北方發現的保存最完好的此類猿標本。標本保存在北京自然博物館第二古生物研究室。

This species had been discovered at Dingjiaergou Fossil Bed in Tongxin by the expedition team of Beijing Natural History Museum in 1984. This specimen is now kept in the museum. This is the most complete material of the ancient ape in northern China.

プリオピテクス（占祥上猿）は、1984 年に北京自然博物館の発掘隊によって同心の丁家二溝化石層から発見された。現在は同博物館古生物第二研究室に保管されている。この標本は、中国北部では最も完全な猿の化石標本である。

占祥上猿　　　　　　プリオピテクス
上頜骨　　　　　　　上顎骨
中新世　　　　　　　中新世
寧夏同心　　　　　　寧夏回族自治区 同心
Pliopithecus zhanxiangi　Delson, Harrison et Guan, 1990
Upper jaw
Miocene
Tongxin, Ningxia

中華兔猴　　　シノアダピス
下頜骨　　　　下顎骨
中新世晩期　　中新世後期
雲南　　　　　雲南省
Sinoadapis shihuibaensis
Lower jaw
Late Miocene
Yunnan

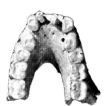

丁氏金絲猴　　　　　　リノピテクス
頭骨　　　　　　　　　頭骨
更新世中期　　　　　　更新世中期
河南　　　　　　　　　河南省
Rhinopithecus roxellanae tingianus Matthew et Granger, 1923
Skull
Middle Pleistocene
Henan

柳城巨猿
下頜骨
更新世早期
廣西柳城
Gigantopithecus blacki
Lower jaw
Early Pleistocene
Liucheng, Guangxi
ギガントピテクス
下顎骨
更新世前期
広西壮族自治区 柳城

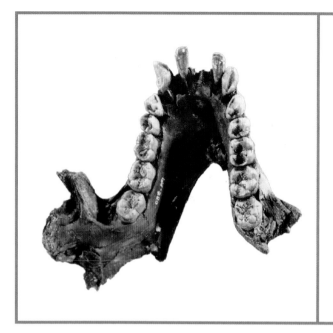

祿豐古猿
下頜骨
中新世晚期
雲南祿豐
Lufengpithecus
Lower jaw
Late Miocene
Lufeng, Yunnan
禄豊古猿
下顎骨
中新世前期
雲南省　禄豊

祿豐古猿復原像
A reconstruction of *Lufengpithecus*.
禄豊古猿の復元像

A　　　　　B

祿豐古猿雌性顱骨
A. 頂面視　B. 底面視
Female skull of *Lufengpithecus*
A. Top view　B. Bottom view
禄豊古猿メスの頭骨 A. 上面観
B. 底面観

祿豐古猿化石發現地
The site of *Lufengpithecus* in Lufeng,
Yunnan Province.
禄豊古猿化石産出地点

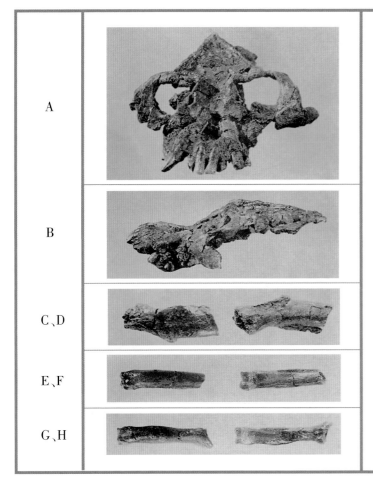

祿豐古猿的顱骨和上肢骨
A、B 雌性顱骨（正、側面圖）
C、D 雌性鎖骨（頂、底面圖）
E、F 雌性右中指指骨（背、掌面圖）
G、H 雌性左食指指骨（背、掌面圖）
　　The skull and upper limb of *Lufengpithecus*.
A、B　Skull of female (front and side view)
C、D　Clavicle of female (top and bottom view)
E、F　Phalanx of right middle finger of female
　　　(back and palm view)
G、H　Phalanx of left index finger of female
　　　(back and palm view)

禄豊古猿の頭骨と上腕骨
A、B　メスの頭骨（前面観と側面観）
C、D　メスの鎖骨（上面観と底面観）
E、F　メスの右中指指骨（背側面観と掌側面観）
G、H　メスの左人差し指指骨（背側面観と掌側面観）

古猿使用天然物件取食
Using natural tools for finding food.
猿人は、自然の道具を使って食糧を得た

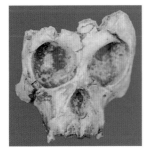

頭骨　Skull　頭骨

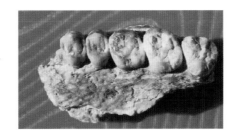

下頜骨　Lower jaw　下顎骨

元謀古猿
上新世早期
雲南元謀
Sivapithecus (yunnanensis) yuanmouensis
Early Pliocene
Yuanmou, Yunnan
元謀古猿
鮮新世前期
雲南省 元謀

晚期猿人 更新世早期後一階段至更新世中期的猿人，已能近似現代人那樣完全兩足直立行走，制造較進步的石器和用火。

Late ape-man: Ape-man lived during the late early Pleistocene to middle Pleistocene period, could walk upright like modern man, and could make improved stone artifacts and use fire.

原人：前期更新世後期から中期更新世に生息していた。現代人とほぼ同じように直立二足歩行をし、進歩した石器と火を使用していた。

元謀人兩側門齒
更新世早期
雲南元謀
Homo erectus yuanmouensis (Yuanmou Man)
Incisors
Early Pleistocene
Yuanmou, Yunnan
元謀人両側の切歯
更新世前期
雲南省 元謀

元謀人使用的刮削器
The scrapers used by Yuanmou Man.
元謀人が使用した削器（スクレイパー）

對原始人感興趣的小觀眾
A youthful audience interested in ancient man.
原始人を興味深く見学する子どもたち

元謀人脛骨發現地點
The site of Yuanmou Man´s tibia.
元謀人脛骨化石の産出地点

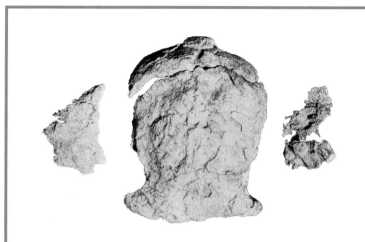

藍田人
頭骨
更新世早期
陝西藍田公王嶺
Homo erectus lantienensis (Lantian Man)
Skull
Early Pleistocene
Gongwangling, Lantian, Shaanxi
藍田人
頭骨
更新世前期
陝西省 藍田 公王嶺

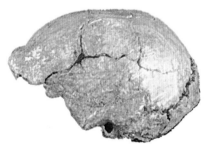

和縣人頭蓋骨
Skullcap of *Homo erectus hexianensis*
(Hexian Man) found in Hexian, Anhui.
和県原人の頭骨

藍田人使用的尖狀器
Stone tools used by *Homo erectus lantienensis*.
藍田人が使用した尖頭器

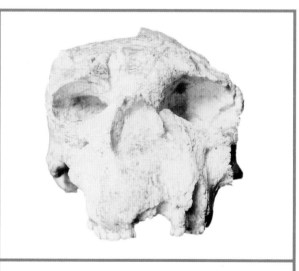

郧縣人頭骨　　　　　　郧県原人の頭骨
更新世中期　　　　　　更新世中期
湖北郧縣　　　　　　　湖北省 郧県
Homo erectus yunxianensis (Yunxian Man) Skull
Middle Pleistocene
Yunxian, Hubei

南京人　　　　　　南京人(原人)
頂骨　　　　　　　頭頂骨
更新世中期　　　　更新世中期
江蘇南京　　　　　江蘇省 南京
Homo erectus nanjingensis (Nanjing Man)
Parietal bone
Middle Pleistocene
Nanjing, Jiangsu

北京人是生活在大約 50 萬年前的晚期直立人。第一個頭骨是 1929 年 12 月 2 日由裴文中教授發現的。至今共發掘出頭蓋骨 6 具、頭骨殘片 9 塊、下頜 14 個、牙齒 147 顆及其它肢骨，分屬于 41 個不同年齡和性別的個體。北京人頭骨頂部低平，前額后傾，眉崎突出。北京人平均身高約 156 厘米，以狩獵兼採集爲生，能制造多種石器和用火。北京人遺址位于北京市西南 50 公里的周口店龍骨山，是目前世界上發現化石最豐富的遺址之一。北京人遺址已被列入世界文化保護清單。

Peking Man was a late *Homo erectus* living 500000 years ago. Prof. Pei Wenzhong discovered the first skullcap. Since then, more specimens have been excavated including 6 skullcaps, 9 broken skulls, 14 lower jaws, 147 teeth and related limb bones, belonging to 41 individuals varing in ages and sex. Peking Man was 156cm in height and lived by hunting and gathering. He could make many stone tools and use fire. The remains of Peking Man are located at Longgushan Hill, Zhoukoudian, 50km southwest of Beijing. This is the richest fossil site of fossil man and animals in the world. The Peking Man site is on the World Culturally Protected List.

北京原人は、50万年前の後期の直立原人である。裴文中教授が最初の頭蓋冠を発見した。以来、6個の頭蓋冠、9個の壊れた頭骨、14個の下顎骨、147個の歯と四肢の骨が発見されており、様々な年齢や性別の41個体に分けられている。北京人は、身長156cmで狩りと採集をして生活をしていた。彼らは様々な石器と火を使っていた。北京原人の遺跡は、北京の南東50kmの周口店竜骨山にある。北京人の遺跡は、世界文化遺産のリストにあがっている。

北京人
頭蓋骨
更新世中期
北京周口店
Homo erectus pekinensis (Peking Man)
Skullcap
Middle Pleistocene
Zhoukoudian, Beijing

北京原人
頭骨
更新世中期
北京市 周口店

北京原人生活景觀
A view of Peking Man's life.
北京原人の生活の様子

北京人化石發現地
The Peking Man's skull was found at this site.
北京原人化石の産出地点

第一個北京人頭骨發現者裴文中敎授
Prof. Pei Wenzhong, the discoverer of the first Peking Man's skull.
北京原人頭骨の第一発見者——裴文中教授

早期智人　包括更新世中期後一階段和更新世晚期早一階段的人類，具有與現代人更接近的特征，能制造標準化的石器和人工取火。

Early *Homo sapiens*: This group includes humanity during late Middle Pleistocene through early Late Pleistocene periods. It has many characteristics close to modern man and could make standard stone artifacts and fire starting tools.

早期智人（古代型新人）：中期更新世後期から後期更新世前期の人類。現代人にかなり近い特徴を持ち、一般的な石器を製作し、火を起こす能力を持っていた。

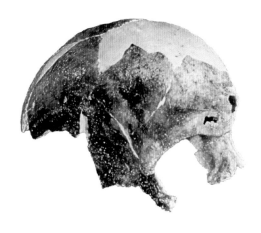

馬壩人
頂骨
更新世晚期
廣東馬壩
Early *Homo sapiens* (Maba Man)
Parietal bone
Late Pleistocene
Maba, Guangdong
馬壩人（古代型新人）の頭頂骨
更新世後期
広東省 馬壩

丁村人使用的石球
A stone ball used by Dingcun Man.
丁村人が使用した球状の石器

丁村人	Early *Homo sapiens* (Dingcun Man)	丁村人（古代型新人）の頭頂骨
頂骨	Parietal bone	
更新世晚期	Late Pleistocene	更新世後期
山西襄汾	Xiangfen, Shanxi	山西省 襄汾

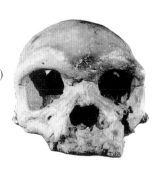

大荔人
頭蓋骨
更新世中期
陝西大荔
Early *Homo sapiens* (Dali Man)
Skull
Middle Pleistocene
Dali, Shaanxi
大荔人（古代型新人）
頭骨
更新世中期
陝西省 大荔

許家窰人
頂骨
更新世晚期
山西陽高
Early *Homo sapiens* (Xujiayao Man)
Parietal bone
Late Pleistocene
Yanggao, Shanxi
許家窰人（古代型新人）の頭頂骨
更新世後期
山西省 陽高

晚期智人

更新世晚期后一階段至現代的人類，他們大約從 4 萬年前開始逐漸發展成爲全世界的各色人種，能制造精致的石器，出現雕刻、繪畫、藝術和裝飾品。

Late *Home sapiens*: Starting about 40,000 years ago during late late Pleistocene through modern time, humanity developed to the different races of the world. They could make delicate stone artifacts, arts work and ornaments.

現代型新人：後期更新世後期(約 4 万年前)から現代まで生息している人類で、徐徐に発展し、全世界で様々な人種となった。精巧な石器を制作する能力を持ち、雕刻・絵画・工芸・装飾品を残している。

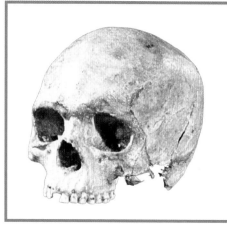

柳江人	Late *Homo sapiens* (Liujiang Man)	柳江人(現代型新人)
頭骨	Skull	頭骨
更新世晚期	Late Pleistocene	更新世後期
廣西柳江	Liujiang, Guangxi	広西壮族自治区 柳江

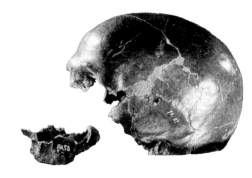

麗江人	Late *Homo sapiens* (Lijiang Man)	麗江人(現代型新人)
頭骨	Skull	頭骨
更新世晚期	Late Pleistocene	更新世後期
雲南麗江	Lijiang, Yunnan	雲南省 麗江

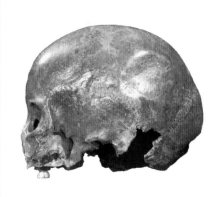

資陽人	Late *Homo sapiens* (Ziyang Man)	資陽人(現代型新人)
頭骨	Skull	頭骨
更新世晚期	Late Pleistocene	更新世後期
四川資陽	Ziyang, Sichuan	四川省 資陽

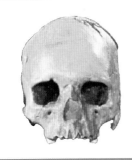

山頂洞人	Late *Homo sapiens* (Upper Cave Man)	山頂洞人(現代型新人)
頭蓋骨	Skullcap	頭骨
更新世晩期	Late Pleistocene	更新世後期
北京周口店	Zhoukoudian, Beijing	北京市 周口店

山頂洞人復原像
An artist's depiction of Upper Cave Man.
山頂洞人の復元像

山頂洞人製作的骨項鏈
A bone necklace made by Upper Cave Man.
山頂洞人が製作した骨の首飾り

山頂洞人製作的骨針
A bone needle made by Upper Cave Man.
山頂洞人が製作した骨針

中國現生動物區係分佈圖
The Distribution of Living Animals in China
中国の現生動物の分布

100多年來寧夏同心一直是龍骨的著名產地。當地人採集龍骨（中新世哺乳動物化石）來入藥幷銷往全國各地，生意十分興隆。

One of the ways of finding fossil sites in China is by tracking down the source of dragon bone. Tongxin of Ningxia has been famous for dragon bone for 100 years. Local people dig up the dragon bone (Miocene mammal fossils) as a traditional medicine for the drugstore. People know dragon bones because they can easily see and buy them in the drugstore. The dragon bones were dug and sold all over China, especially in northwestern China.

現地の人々は、薬店に并ぶ伝統的な薬として竜骨（中新世の哺乳類化石）を掘る。

遠觀龍骨洞，在箭頭所指的"洞"中曾挖出過占祥上猿及板齒象骨架。

The dragon-bone hole where *Pliopithecus zhanxiangi* and *Platybelodon danovi* were dug up.

プリエピテクテクスとプラチベロドンか産出した 竜骨洞

寧夏同心地區化石非常豐富。圖爲龍骨山，衆多的洞是挖掘龍骨的坑道。

There are many fossils in Tongxin, Ningxia. Local people call the fossil site Dragon-bone Hill. The hole in the hill is the digging tunnel.

現地の人々は、その化石産地を竜骨山と呼ぶ。

檢查出洞的化石

Checking fossils retrieved from the tunnel.

洞窟かろとれた化石を観察する

龍骨出洞

Taking the dragon bone out of tunnel.

洞の外に出された竜骨

古生物學家進洞鑒定化石

A paleontologist comes into the tunnel to check the types of fossils being dug.

発掘された化石を洞の中で観察している古生物学者

龍骨洞中的板齒象骨骼化石(肋骨)
The fossil skeleton of shovel-tusked elephant in the dragon bone tunnel.
竜骨洞の中のプラチベロドンの骨格(肋骨)

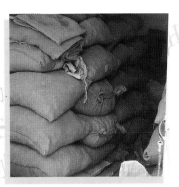

挖龍骨
Digging for dragon bone in the tunnel.
竜骨の発掘

將要出售的龍骨
Dragon bones packed in bags ready to sell.
売るために袋に入れられた竜骨

洞中的龍骨
Dragon bone in a tunnel.
洞の中の竜骨

同心農民院里的龍骨
Dragon bones in a farmer's yard, in Dingjiaergou of Tongxin.
同心の丁家二溝の農地から出た竜骨

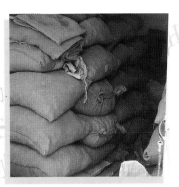

堆放在中藥房中的龍骨
The dragon bones in bags in a drugstore.
薬局で袋に入れられた竜骨

1994年夏，北京自然博物館和美國地球探索學會聯合考察隊對著名的寧夏同心丁家二溝村的化石點進行考察。
1994年夏、北京自然博物館とアメリカのアースウォッチによる共同調査隊は、現在の農民が竜骨を掘っている同心の丁家二溝近くの化石産出地で発掘をした。

化石層　　　Fossil beds　　　化石を含んだ地層

During the summer of 1994, a joint expedition team sponsored by Beijing Natural History Museum and the Earthwatch of USA collected at a fossil site near the Dingjiaergou Village in Tongxin, Ningxia where local famers dug dragon bones.

我們成功了! Success! 成功!

原始埋藏 Fossil in the dirt. 産出した状態の化石

剛剛暴露出來的肉食類下頜骨
Carnivore mandible was started to be excavated.
発掘されたばかりの肉食類の下顎骨

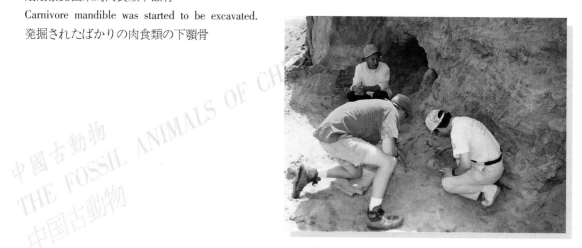

發現化石
Uncovering a newly discovered fossil.
化石を発見

象門齒
Tusk of fossil elephant in the sandstone
産出した状態のゾウの門歯

埋藏狀態的犀牛骨架
A rhino skeleton in the sandstone
産出した状態のサイの骨格

搬運化石
Moving the fossils.
化石の運搬

發掘鏟齒象下頜骨
Excavating the mandible of *Amebelodon tobieni.*
発掘されたアメベロドンの下顎骨

做石膏包
Blocking fossils.
化石の梱包

化石發掘
Collecting fossils.
化石の発掘

祿豐不僅以產古猿化石著稱，而且恐龍化石也很馳名。但祿豐的恐龍幾乎都屬于侏羅紀早期原蜥腳類恐龍。所發現的侏羅紀晚期或白堊紀的巨型蜥腳類恐龍使考察隊員們大為振奮。圖為北京自然博物館、美國聖姆大學和祿豐恐龍博物館的專家在該地區進行聯合考察。

北京自然博物館、ノートルダム大学、禄豊博物館からなる共同調査隊は、2年間この地域で発掘を行った。大型の竜脚類の新しい発見は、この地域で作業していた調査隊を興奮させた。

雲南祿豐川街老常靑蜥腳龍化石點

The new sauropod site in the fossil hill near Laochangqing in Chuanjie of Lufeng.

雲南省禄豊川街の老常青近くの竜脚類化石産出地点

髋骨埋藏狀態

Pulvis in the sandclay

産出した状態の寛骨

Lufeng is not only famous for ancient apes (*Lufengpithecus*) but also for dinosaurs. However, nearly all dinosaurs found here were early Jurassic prosauropods. New discovery of large sauropods have excited the expedition team working in this area. This joint expedition team composed of the members from Beijing Natural History Museum, University of Notre Dame and Lufeng Dinasaur Museum has worked in this area for two years.

测量
Measuring bones in the sandclay.
計測

發現化石
Finding and digging fossils.
化石を発見

在古老的硅化木上小憩
Rest on a silicified tree.
硅化木の上での休憩

中加考察隊在新疆及內蒙古採集
CCDP in Xinjing and Neimenggu

粘土岩中的恐龍化石
Dinosaur fossil in the clay
粘土岩中の恐竜化石

中加聯合考察　A joint investigation project by Canada and China (CCDP).　カナダと中国による共同調査プロジェクト

中加考察隊營地
The camp of China–Canada Dinosaur Project (CCDP).
中国―カナダ恐竜プロジェクトのキャンプ

小刺猬造訪考察營地
A hedgehog visited the camp.
調査キャンプに現れたハリネズミ

雲南作爲早期恐龍化石產地,不僅在中國而且在世界上也是著名的。玉溪是兩處重要化石產地之一。來自北京自然博物館和美國聖姆大學的科學家同玉溪博物館的研究人員在玉溪進行了3年的野外考察。

中国の雲南省は、その豊富な恐竜化石で世界中に知られるようになった。重要な発見は、玉渓と禄豊からであった。

雲南玉溪峨山化石點附近綠汁江畔的考察隊宿營地　The expedition team camps by the Luzhijiang river near the early Jurassic fossil beds.

玉溪峨山侏羅紀化石層
Fossil beds of early Jurassic in Eshan of Yuxi.
玉渓の峨山のジュラ紀前期の化石層

化石埋藏處
Fossil in the dirt.
産出した状態の化石

Yunnan Province has become famous throughout the world for its abundance of dinosaur fossils. Important discoveries have been made in Yuxi and Lufeng. A joint expedition team from Beijing Natural History Museum and the University of Notre Dame has worked periodically with paleontologists from the Yuxi Archaeology Department since 1996. Many of the fossils have been excavated and moved to the local museum in Yuxi.

ジュラ紀前期の化石包含層の近くの緑支江での調査隊のキャンプ

恐龍埋藏地點
Dinosaur in the Jurassic sediments
産出した状態の恐竜化石

埋藏狀態的原蜥腳龍骨架
Skeleton of a prosauropod in the dirt.
産出した状態の原竜脚類の骨格

185

雲南祿豐蜥腳類化石點採集
The collection of the sauropod dinosaurs in Lufeng of Yunnan.
雲南省禄豊の竜脚類化石
地点での採集

多大的肩胛骨呀!
Look, how big the scapula is!
巨大な肩甲骨!

蜥腳龍脊椎
Cleaning the sauropod vertebrates.
クリーニングされた禄豊老常青産の椎骨

在蜥腳類脊椎骨上的肉食類咬痕
An example of the preserved detail on the sauropod vertebrate.
竜脚類の椎骨に見られる肉食恐竜の咬みあと

雲南祿豐川街老常青的蜥腳類化石
Sauropod fossils at Laochangqing of Lufeng.
雲南省禄豊川街の老常青近くの竜脚類化石

化石產地
The fossil site
化石産地

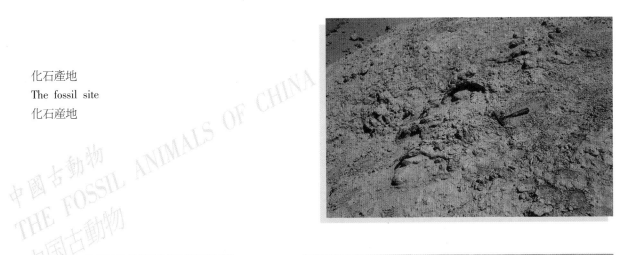

本世紀20年代，瑞典科學家布林曾在甘肅敦煌附近採集到中新世早期的古猿和漸新世哺乳動物化石。
1994年，北京自然博物館和美國密爾沃基公共博物館聯合考察隊又踏上了前人工作過的地方。
Bullin collected the early Miocene ape and some Oligocene fossils in the Danghe area of Gansu near Dunhuang during the 1920s. Since then, nobody had returned to this area to find similar fossils until Beijing Natural History Museum and Milwaukee Public Museum jointly investigated over there.
甘粛省敦煌に近い党河地域

中國古脊椎動物學工作者名錄
A Listing of Vertebrate Paleontologists in China
中国の古脊椎動物研究者リスト

以姓氏音序爲序(the alphabetic list)

北京自然博物館 Beijing Natural History Museum

關 鍵	Guan Jian	李建軍	Li Jianjun	甄朔南	Zhen Shuonan
胡書生	Hu Shusheng	魏明瑞	Wei Mingrui	周國興	Zhou Guoxing

中國科學院古脊椎動物與古人類研究所
Institute of Vertebrate Paleontology and Paleoanthropology, Academia Sinica

蔡炳溪	Cai Bingxi	劉金毅	Liu Jinyi	吳汝康	Wu Rukang
陳德珍	Chen Dezhen	劉 武	Liu Wu	吳文裕	Wu Wenyu
陳冠芳	Chen Guanfang	劉憲亭	Liu Xianting	吳肖春	Wu Xiaochun
陳萬勇	Chen Wanyong	劉玉海	Liu Yuhai	吳新智	Wu Xinzhi
崔貴海	Cui Guihai	陸慶伍	Lu Qingwu	許春華	Xu Chunhua
丁素因	Ding Suyin	潘悅容	Pan Yuerong	徐慶華	Xu Qinghua
董 爲	Dong Wei	羅哲西	Luo Zhexi	徐欽奇	Xu Qinqi
董興仁	Dong Xingren	孟 津	Meng Jin	徐曉風	Xu Xiaofeng
董枝明	Dong Zhiming	苗德歲	Miao Desui	閻德發	Yan Defa
範俊航	Fan Junhang	祁國琴	Qi Guoqing	葉 捷	Ye Jie
顧玉珉	Gu Yumin	齊 陶	Qi Tao	葉祥奎	Ye Xiangkui
韓德芬	Han Defen	邱占祥	Qiu Zhanxiang	尤玉柱	You Yuzhu
侯連海	Hou Lianhai	邱鑄鼎	Qiu Zhuding	翟人杰	Zhai Renjie
胡長康	Hu Changkang	蘇德造	Su Dezao	張彌曼	Zhang Miman
黃萬波	Huang Wanbo	孫艾玲	Sun Ailing	張法奎	Zhang Fakui
黃慰文	Huang Weiwen	湯英俊	Tang Yingjun	張國瑞	Zhang Guorui
黃學詩	Huang Xueshi	唐治路	Tang Zhilu	張江永	Zhang Jiangyong
計宏祥	Ji Hongxiang	童永生	Tong Yongsheng	張森水	Zhang Senshui
賈蘭坡	Jia Lanpo	王伴月	Wang Banyue	張銀運	Zhang Yinyun
金昌柱	Jin Changzhu	王景文	Wang Jingwen	趙 宏	Zhao Hong
金 帆	Jin Fan	王俊卿	Wang Junqing	趙喜進	Zhao Xijin
李傳夔	Li Chuankui	王念忠	Wang Nianzhong	趙資奎	Zhao Zikui
李國靑	Li Guoqing	王曉鳴	Wang Xiaoming	鄭家堅	Zheng Jiajian
李錦玲	Li Jinling	王 原	Wang Yuan	鄭紹華	Zheng Shaohua
李炎賢	Li Yanxian	王元靑	Wang Yuanqing	周家健	Zhou Jiajian
李 毅	Li Yi	魏光飈	Wei Guangbiao	周曉元	Zhou Xiaoyuan
李有恆	Li Youheng	衛 奇	Wei Qi	朱 敏	Zhu Min
劉時藩	Liu Shifan	吳茂霖	Wu Maolin	宗冠福	Zong Guanfu

北京大學　Peking University

李淑鸞	Li Shuluan	杜恆儉	Du Hengjian
		李鳳麟	Li Fenglin

中國科學院地質研究所
Geology Institute, Academia, Sinica

中國地質博物館　Geological Museum of China

		季 強	Ji Qiang
劉東生	Liu Dongsheng	姬書安	Ji Shuan

中國地質大學 China University of Geosciences

潘 江　Pan Jiang

中國地質科學院
Chinese Academy of Geological Sciences
程政武　　　　Cheng Zhengwu

天津自然博物館
Tianjin Museum of Natural History
黃爲龍　　　　Huang Weilong
季　楠　　　　Ji Nan
李玉靑　　　　Li Yuqing

重慶自然博物館
Chongqing Museum of Natural History
楊興隆　　　　Yang Xinglong
張奕宏　　　　Zhang Yihong
周世武　　　　Zhou Shiwu

上海自然博物館
Shanghai Museum of Natural History
曹克淸　　　　Cao Keqing
黃象洪　　　　Huang Xianghong
席與華　　　　Xi Yuhua
謝萬明　　　　Xie Wanming

成都理工學院
Chengdu College of Science and Technology
蔡開基　　　　Cai Kaiji
何信祿　　　　He Xinlu
李　奎　　　　Li Kui

自貢恐龍博物館　Zigong Dinosaur Museum
歐陽輝　　　　Ouyang Hui
彭光照　　　　Peng Guangzhao
皮孝忠　　　　Pi Xiaozhong

吉林省博物館　Jilin Provincial Museum
姜　鵬　　　　Jiang Peng

吉林自然博物館　Jilin Museum of Natural History
湯卓煒　　　　Tang Zhuowei

遼寧省博物館　　Liaoning Provincial Museum
傅仁義　　　　Fu Renyi

大連自然博物館　Dalian Museum
孫玉峰　　　　Sun Yufeng
劉金遠　　　　Liu Jinyuan

黑龍江博物館　　Heilongjiang Provincial Museum
魏正一　　　　Wei Zhengyi
楊大山　　　　Yang Dashan

浙江自然博物館
Zhejiang Museum of Natural Museum
魏　豐　　　　Wei Feng

雲南玉溪博物館　Yuxi museum, Yunnan
王洪君　　　　Wang Hongjun
白子麒　　　　Bai Ziqi

雲南祿豐恐龍博物館
Lufeng Dinosaur Museum, Yunan
李祖耀　　　　Li Zuyao

廈門大學　Xiamen University
蔡保全　　　　Cai Baoquan

西北大學　　Northwest University
薛祥煦　　　　Xue Xiangxi
張雲翔　　　　Zhang Yunxiang

中國科學院西安黃土和第四紀研究所
Institute of Loess & Quaternary Academia, Sinica
安芷生　　　　An Zhisheng

蘭州大學　Lanzhou University
谷祖剛　　　　Gu Zugang

甘肅省博物館 Gansu Provincial Museum
張　行　　　　Zhang Xing

甘肅考古研究所　Gansu Archeology Institute
頡光普　　　　Xie GuangPu
謝駿義　　　　Xie Junyi

南京大學　　Nanjing University
劉冠邦　　　　Liu Guanbang

安徽省博物館　Anhui Provincial Museum
鄭龍亭　　　　Zheng Longting

安徽省文物考古研究所
Institute of Anhui Historcal Relics Archeology
韓立剛　　　　Han Ligang

貴州省博物館　　Guizhou Provincial Museum
蔡回陽　　　　Cai Huiyang
曹澤田　　　　Cao Zetian

中山大學　　　Zhongshan University
張鎭洪　　　　Zhang Zhenhong

廣西壯族自治區自然博物館
Guangxi Museum of Natural History
趙仲如　　　　Zhao Zhongru

雲南省考古研究所　　Yunnan Archeology Institute
鄭　良　　　　Zheng Liang

雲南元謀人陳列館
Yuanmou Man Exhibition Hall, Yunnan
姜　礎　　　　Jiang Chu

昆明市文物管理委員會　The Kuming Cultural
Relics Administration Committee, Yunnan
胡紹錦　　　　Hu Shaojin

山西考古研究所　　Shanxi Archeology Institute
石金鳴　　　　Shi Jinming

河北文物考古研究所　Institute of Hebei Historical
Relics Archeology
謝　飛　　　　Xie Fei

（據不完全統計）

189

中國古哺乳動物化石主要地點
A Listing of Principal Localities of Mammalian Fossils in China
中国の哺乳類化石の主要産地リスト

中生代　　Mesozoic　　中生代
侏羅紀—白堊紀　　Jurassic–Cretaceous
ジュラ紀—白亜紀

遼寧阜新新邱	Xinqiu, Fuxin, Liaoning
遼寧阜新新地	Xindi, Fuxin, Liaoning
遼寧黑山八道壕	Badaohao, Heishan, Liaoning
遼寧北票江山溝	Jiangshangou, Beipiao,Liaoning
遼寧凌源方勝	Fangsheng, Lingyuan, Liaoning

新生代　　Neozoic　　新生代
古新世　　Paleocene　　暁新世

安徽潛山	Qianshan, Anhui
廣東南雄	Nanxiong, Guangdong
江西大余	Dayu, Jiangxi

始新世　　Eocene　　始新世

山東昌樂	Changle, Shandong
湖北房縣	Fangxian, Hubei
湖北丹江口	Danjiangkou, Hubei
安徽潛山	Qianshan, Anhui
安徽貴池	Guichi, Anhui
安徽宣城	Xuancheng, Anhui
安徽懷寧	Huaining, Anhui
新疆吐魯番	Turpan, Xinjiang
廣東南雄	Nanxiong, Guangdong
內蒙古四子王旗	Siziwanqi, Neimenggu
內蒙古沙拉木倫	Shalamulun, Neimenggu
寧夏鹽池	Yanchi, Ningxia
山東曲阜	Qufu, Shandong
雲南建水	Jianshui, Yunnan
雲南麗江	Lijiang, Yunnan
四川理塘	Litang, Sichuan
河南淅川	Xichuan, Henan
山西垣曲	Yuanqiu, Shanxi

陝西藍田	Lantian, Shaanxi
廣西百色	Baise, Guangxi
廣西田東	Tiandong, Guangxi

漸新世　　Oligocene　　漸新世

新疆吐魯番	Turpan, Xinjiang
內蒙古烏蘭塔塔爾	Ulantatal, Neimenggu
內蒙古鄂爾多斯	Eerduosi, Neimenggu
陝西藍田	Lantian, Shaanxi
廣西百色	Baise, Guangxi
廣西田陽	Tianyang, Guangxi
雲南曲靖	Qujing, Yunnan
雲南羅平	Luoping, Yunnan
雲南路南	Lunan, Yunnan
新疆準噶爾盆地	Junggar Basin, Xinjiang

中新世　　Miocene　　中新世

寧夏同心	Tongxin, Ningxia
山東山旺	Shanwang, Shandong
內蒙古通古爾	Tunggur, Neimenggu
甘肅廣河	Guanghe, Gansu
甘肅慶陽	Qingyang, Gansu
甘肅永登	Yongdeng, Gansu
甘肅秦安	Qinan, Gansu
甘肅塔奔布魯克	Tabenbuluk, Gansu
甘肅祁南	Qinan, Gansu
青海湟中	Huangzhong, Qinghai
青海吉寧	Jining, Qinghai
青海吊溝	Diaogou, Qinghai
青海西寧	Xining, Qinghai
雲南小龍潭	Xiaolongtan, Yunnan
雲南祿豐	Lufeng,Yunnan
新疆準噶爾盆地	Junggar, Xinjiang
江蘇泗洪	Sihong, Jiangsu
山西楡社	Yushe, Shanxi
山西保德	Baode, Shanxi

陝西藍田	Lantian, Shaanxi	山西匼河	Kehe, Shanxi
陝西臨潼	Lintong, Shaanxi	陝西藍田	Lantian, Shaanxi
陝西府谷	Fugu, Shaanxi	陝西大荔	Dali, Shaanxi

上新世　　Pliocene　　鮮新世

山西霍縣	Huoxian, Shanxi	南京湯山	Tangshan, Nanjing
山西榆社	Yushe, Shanxi	湖北巴東	Badong, Hubei
陝西靜樂	Jingle, Shaanxi	湖北鄖縣	Yunxian, Hubei
陝西靖邊	Jingbian, Shaanxi	山東沂源	Yiyuan, Shandong
雲南昭通	Zhaotong, Yunnan	遼寧營口	Yingkou, Liaoning
雲南羅茨	Luoci, Yunnan	安徽和縣	Hexian, Anhui
雲南元謀	Yuanmou, Yunnan	廣西大新	Daxin, Guangxi
雲南保山	Baoshan, Yunnan	河南陝縣	Shanxian, Henan
雲南玉溪	Yuxi, Yunnan		
甘肅平涼	Pingliang, Gansu		
甘肅華池	Huachi, Gansu		
甘肅慶陽	Qingyang, Gansu		
西藏吉隆	Jilong, Xizang		

更新世晚期　　Late Pleistocene

更新世　　Pleistocene　　更新世

更新世早期	Early Pleistocene	北京周口店	Zhoukoudian, Beijing
山西午城	Wucheng, Shanxi	山西丁村	Dingcun, Shanxi
山西新絳	Xinjiang, Shanxi	山西許家窰	Xujiayao, Shanxi
山西西侯度	Xihoudu, Shanxi	山西峙峪	Shiyu, Shanxi
陝西渭南	Weinan, Shaanxi	山東海城	Haicheng, Shandong
陝西藍田	Lantian, Shaanxi	山東臨沂	Linyi, Shandong
雲南元謀	Yuanmou, Yunnan	內蒙古薩拉烏蘇	Salawusu, Neimenggu
廣西柳城	Liucheng, Guangxi	內蒙古扎賚諾爾	Zalainuoer, Neimenggu
河北泥河灣	Nihewan, Hebei	四川資陽	Ziyang, Sichuan
內蒙古赤峰	Chifeng, Neimenggu	四川若爾蓋	Ruoergai, Sichuan
湖北建始	Jianshi, Hubei	廣西巴馬	Bama, Guangxi
四川巫山	Wushan, Sichuan	廣西柳江	Liujiang, Guangxi
更新世中期	Middle Pleistocene	廣東馬壩	Maba, Guangdong
北京周口店	Zhoukoudian, Beijing	雲南呈貢	Chenggong, Yunnan
四川萬縣	Wanxian, Sichuan	雲南麗江	Lijiang, Yunnan
重慶市	Chongqing	江西贛余	Ganyu, Jiangxi
青海共和	Gonghe, Qinghai	湖北長陽	Changyang, Hubei
青海貴德	Guide, Qinghai	福建明溪	Mingxi, Fujian
		遼寧營口	Yingkou, Liaoning
		遼寧海城	Haicheng, Liaoning
		黑龍江五常	Wuchang, Heilongjiang
		黑龍江哈爾濱	Harbin, Heilongjiang
		吉林楡樹	Yushu, Jilin

中國收藏和研究古脊椎動物化石的單位
A listing of Chinese Organizations Studying and Storing Vertebrate Fossils
中国の古脊椎動物化石の研究組織と保管場所のリスト

北京自然博物館　Beijing Natural History Museum (BNHM)

中國科學院古脊椎動物與古人類研究所

Institute of Vertebrate Paleontology and Paleoanthropology, Academia, Sinica (IVPP)

中國地質博物館　The Geological Museum of China

中國地質大學(北京)博物館 The Museum of China University of Geosciences (Beijing)

北京大學地質陳列館　Exhibition Hall of Geology, Beijing University

中國礦業大學地質陳列館

The Geological Exhibition Hall of China University of Mining and Technology

周口店北京人遺址博物館　Exhibition Center of Peking Man

上海自然博物館　Shanghai Museum of Natural History

天津自然博物館　Tianjin Museum of Natural History

內蒙古自治區古博物館　Museum of Neimenggu Autonomous Region

內蒙古二連恐龍博物館　Erenhot Dinosaur Museum, Neimenggu

重慶自然博物館 Chongqing Museum of Natural History

重慶市奉節博物館 Fengjie Museum, Chongqing

大連自然博物館 Dalian Museum of Natural History

吉林自然博物館 Jilin Museum of Natural History

長春地質學院博物館 The Museum of Changchun Geological College

黑龍江省博物館　Heilongjiang Provincial Museum

黑龍江省地質博物館　Heilongjiang Provincial Geological Museum

黑龍江省伊春市博物館　Museum of Yichun, Heilongjiang

遼寧省博物館　Liaoning Provincial Museum

遼寧工程技術大學地質陳列館

The Geological Exhibition Hall of Liaoning Engineering and Technology University

遼寧省義縣化石館　Yixian Fossil Museum Liaoning

河北省博物館　Hebei Provincial Museum

石家莊經濟學院地質陳列館　The Geological Exhibition Hall of Shijiazhuang Economy College

山東省博物館　Shangdong Provincial Museum

山東省地質博物館　Geological Museum of Shandong Province

山東省諸城恐龍博物館　The Dinosaur Museum of Zhucheng, Shandong

山東省臨朐古生物化石館　Linqu Paleontology Museum, Shandong

雲南省博物館　Yunnan Provincial Museum

雲南省地質博物館　Geological Museum of Yunnan Province

雲南省祿豐恐龍博物館　Lufeng Dinosaur Museum, Yunnan

雲南省玉溪博物館　Yuxi Museum, Yunnan

雲南省楚雄彝族自治州博物館　Chuxiong Museum, Yunnan

甘肅省地質博物館　Geological Museum of Gansu Province

甘肅省博物館　Gansu Provincial Museum

西北大學地質陳列館　The Geological Exhibition Hall of Northwest University

蘭州大學地質陳列館　The Geological Exhibition Hall of Lanzhou University

新疆維吾爾自治區吐魯番巨犀化石館
Turpan Giant Rhino Exhibition Hall, Xinjiang Uigur Autonomous Region

新疆維吾爾自治區克拉瑪依恐龍博物館
Kelamayi Dinosaur Museum, Xinjiang Uigur Autonomous Region

貴州省博物館　Guizhou Provincial Museum

湖南省地質博物館　Geological Museum of Hunan Province

陝西省地質博物館　Geological Museum of Shaanxi Province

陝西省旬邑縣博物館　Xunyi Museum, Shaanxi

中國科學院南京地質古生物研究所
Nanjing Institute of Geology and Paleontology, Academia, Sinica

南京地質博物館　Nanjing Geological Museum

南京大學地質陳列館　The Geological Exhibition Hall of Nanjing University

安徽省博物館　Anhui Provincial Museum

浙江自然博物館　Zhejiang Museum of Natural History

中國地質大學(武漢)博物館　The Museum of China University of Geosciences (Wuhan)

四川省自貢恐龍博物館　Zigong Dinosaur Museum, Sichuan

成都理工學院博物館　The Museum of Chengdu Science and Technology University

廣東省博物館　Guangdong Provincial Museum

廣東中山大學人類陳列館　Human Exihibition Hall of Zhongshan University, Guangdong

廣東省南雄博物館　Nanxiong Museum, Guangdong

廣東省始興博物館　Shixing Museum, Guangdong

廣東省韶關馬壩人遺址博物館　The Maba Man Site Museum, Shaoguan of Guangdong

廣西壯族自治區自然博物館　Museum of Natural History，Guangxi

福建省博物館　Fujian Provincial Museum

索引　　Index　　索引

Acanthomeridion serratum 13

Aceratherium sp. 146, 147

Agilisaurus louderbacki 86

Ailuropoda melanoleuca baconi 118

Alalcomenaeus cambricus 16

Alloptox sp. 115

Amebelodon sp. 129

Amebelodon tobieni 124, 131

Anancus sp. 124

Angustingaripterus longicephalus 92

Anomalocaris canadensis 15, 16

Ansomys shanwangensis 114

Anthracotheriidae 156

Antiplectoceras xiazhenense 23

Archaeolambda tabiensis 113

Archeaoceratops, oshimai 84

Archaeornithomimus asiatiicus 73

Asiocoryphodon conicus 113

Bactrosaurus johnsoni 79

Bactrosaurus sp. 78

Barbus brevicephalus 36, 37

Bellusaurus sui 62

Bemalambda nanhsiungensis 112

Bibio expansuas 24

Boluchia zhengi 104

Bos primigenius 161

Bothriolepis tungseni 34

Bunolistriodon sp. 155

Caementodon tongxinensis 148

Canis lupus 116

Cathayornis yandiea 104

Chalicotherium sp. 145

Changxingia aspratilis 34

Chaoyangia beishanenensis 105

Chasmatosaurus sp. 95

Chasmatosaurus yuani 94

Chilantaisaurus martuensis 71

Chilantaisaurus tashuikouensis 71

Chilotherium sp. 146

Chironomidae 25

Choristites mansuyi 21

Chuandongocoelurus primitivus 72

Chungkingichthys tachuensis 37

Cindarella eucalla 13

Clavellaria bicolor 24

Cocomys linchaensis 114

Coelodonta antiquitatis 153

Confuciusornis sanctus 102, 103

Crossoptilon jiai 107

Crumillospongia 11

Ctenophorans 12

Cyprininae 34

Datousaurus bashanensis 63

Dilophosaurus sinensis 64, 65

Dinomischus isolatus 13

Dzungariotherium orgosensis 147

Dzungaripterus weii 92

Early Homo sapiens (Dali Man) 167

Early Homo sapiens (Dingcun
  Man) 169

Early Homo sapiens (Maba Man) 169

Early Homo sapiens (Xujiayao
  Man) 169

Elasmotherium peii 152

Elasmotherium sp. 152

Embolotherium andrewi 144

Eociconia sangequanensis 106

Eoredlichia intermedia 14, 15

Ephemeropsis trisetalis 25

Eqqus przewalskyi 143

Ernanodon antelios 112

Euryspirifer qijianensis 21

Fenestella tienshuensis 22

Formicidae 25

Fuxianhuia protensa 10, 14

Gansus yumenensis 105

Gasosaurus constructus 67

Gigantopithecus blacki 163

Gomphotherium sp. 122

Gomphotherium tongxinensis 125

Gomphotherium yinnanensis 124

Gongbusaurus shiyi 80

Griesbachites pseudomedleyanus 21

Gyposaurus sinensis 45

Hallucigenia 12

Hanyangaspis guodingshanensis 33

Hemicyon (Phoberocyon) youngi 118

Heomys orientalis 115

Hgolithes striatellus 12

Himalayasaurus sp. 93

Hipparion sp. 115, 142

Hipposideros sp. 115

Homo erectus hexianensis (Hexian
  Man) 169

Homo erectus lantienensis (Lantian
  Man) 167

Homo erectus nanjinensis (Nanjing
  Man) 167

Homo erectus pekinensis (Peking
  Man) 168

Homo erectus yuanmouensis
  (Yuanmou Man) 166

Homo erectus yunxianensis(Yunxian
  Man) 167

Hsisosuchus chungkingensis 98

Huanhopterus qingyangensis 93

Huayangosaurus taibaii 80, 81

Huidiesaurus sinojapanorum 60

Hupehsuchus nanchangensis 98

Hyaena gigantea 119, 120

Hyaena sinensis 119

Hyaena sp. 120

Ichthyosaurus 93

Iguanodon 99

Ikechosaurus sunailinae 98

Indricotherium parvum 147

Inoceramus (Mytiloides) everesti 21

Isoxys chilhoweanus 15

Jaxarrosaurus 77

Jianfengia multisagmentalis 14

Jilinichthys rapax 36

Jingshanosaurus xinwaensis 49

Keichousaurus hui 96

Knightia bohaiensis 36

Kubanochoerus gigas lii 154, 155

Kuyangichthys microdus 37

Lagomeryx colberti 157

Lagomeryx sp. 157

Lambdopsalis bulla 110, 111

Late Homo sapiens (Lijiang Man) 170

Late Homo sapiens (Upper Cave
  Man) 171

Late Homo sapiens (Ziyang Man) 170

Latiproetus latilimbatus 21

Leucisus miocenicus 36

Lituites sp. 22

Lotosaurus adentus 94, 99

Lufengosaurus huenei 44, 45

Lufengosaurus magnus 47

Lufengpithecus 164, 165

Lycoptera davidi 37

Lycoria bicolor cona 24

Lystrosaurus 95

Macromia zotheca 24

Malacervulus capreolinus 156

Mamenchisaurus anyueensis 54

Mamenchisaurus constructus 55

Mamenchisaurus hochuanensis 52, 53

Mammuthus primigenius 137

Mandschurosaurus amurensis 76

Maomingchelys 95

Maotianshania cylindria 11

Megalocerus ordosinus 161

Megalocerus ordosinus
  mentougouensis 160

Megaloceros pachyosteus 160

Megantereon inexpectatust 121

Megatapirus augustus 145

Melodon melinus 116

Mesodmops dawsoni 110

Microceratops gobiensis 85

Microdictyon sinicum 12

Microhadrosaurus nanshiungensis 78

Mioaegypius gui 106

Misszhouia 15

Monolophosaurus jiangji 66

Myophoria (Costatoria) napengensis 22

Nanchangosaurus suni 98

Naraoia compacta 13

Nemegtosaurus pacchi 62

Neseurtus concave tenellus 20

Noripterus complicidens 93

Nurosaurus qaganensis 56, 57

Odonata 25

Omeisaurus fuxiensis 59

Omeisaurus tianfuensis 58

Ordosoceras nyalamense 22

Otogonis genghisi 105

Palaeoloxodon huaihensis 136

Palaeoloxodon namadicus 136

Palaeoloxodon naumanni 137

Palaeomeryx tricornis 157

Palaeotapirus xiejiaheensis 145

Paleoalectoris songlinenesis 107

Palaeoloxodon sp. 136, 138

Panthera tigris 121

Panxiosteus ocullus 32

Paraceratherium sp. 151

Paraceratherium tienshanensis 150,151

Parakannemeyeria brevirostris 95

Paranictops majuseula 114

Peipehsuchus teleorhinus 96

Peipiaosteus pani 35

Pentalophodon yusheensis 122

Percrocuta sp. 120

Phasianus yanshansis

Pinacosaurus 84

Platybelodon danovi cheni 126, 127,
   128, 130, 131

Platybelodon grangeri 128

Plesiaceratherium gracile 146

Pliopithecus zhanxiangi 163

Polybranchiaspis liaojiaoshanensis32

Probactrosaurus gobiensis 78

Probactrosaurus sp. 77, 99

Proboscidipparion sp.

Procynops miocenicus 38

Prodinoceras turfanensis 112, 113

Propalaeotherium hengyangensis 142

Prosciurus sp. 114

Protarchaeopteryx robusta 102

Protoceratops andrewsi 84, 85

Protoceratops sp. 84

Pseudobasilicus tatsaotzensis 20

Pseudohedenstroemia umbilicata 22

Pseudophillipsia heshanensis 20

Psittacosaurus mongoliensis 82

Psittacosaurus sinensis 82

Psittacosaurus sp. 82, 83

Psittacosaurus xingiangensis 83

Rana basaltica 38

Retifacies abnormalis 15

Rhinopithecus roxellanae tingianus163

Rhinotitan mongoliensis 144

Rhizomys troglodytes 115

Rotadiscus grandis 12

Sanqiaspis rostrata 33

Serbelodon zhongningensis 124

Shanshannosaurus huoyanshanensis 72

Shansisuchus shansisuchus 94, 99

Shansitherium fuguensis 158

Shansitherium sp. 159

Shantungosaurus giganteus 74

Shunosaurus lii 61

Sinamia zdanskyi 35

Sinemys gamora 95

Sinemys lens 35

Sineoamphisbaena hexatabalaris 96

Sinoadapis shihuibaensis 163

Sinobellerophon yunnanensis 20

Sinobrachyops placenticephalus 39

Sinoconodon parringtoni 110

Sinoconodon sp. 110

Sinodiversogratpus multibrachiatus 23

Sinohelicoprion changhsingensis 34

Sinohippus zitteli 143

Sinokannenmeyeria yinchiaoensis 94

Sinomastodon hanjiangensis 132, 133

Sinomioceros sp. 158

Sinornis santaensis 104

Sinosauropteryx prima 73

Sinosemionotus urumchii 35

Sinraptor hepingensi 69

Sivapithecus (yunnanensis)
   yuanmouensis 165

Songzia heidangkouensis 106

Spirocerus peii 157

Stegodon huangheensis 134, 135

Stegodon orientalis 135

Stegodon sp. 135

Stegodon zhaotungensis 136

Stegolophodon hueiheensis 123

Stegotethrabelodon lociensis 124

Stephanocemas sp. 156

Stringocephalus obesus 21

Symmetrodon sp. 110

Syringopora sp. 21

Szechuanosaurus campi 72

Tessaromerus nigilimbosus 24

Testudo sp. 97

Tetralophodon exoletes 123

Traumatocrinus hsui 23

Tsintaosaurus spinorhinus 75

Tuojiangosaurus multispinus 81

Turfania taoshuyuanensis 34

Turfanosuchus dabanensis 96

Uintatherium cf. insperatus 112

Umenocoleus sinuatus 25

Ursavas orientalis 118

Ursidae 118

Urumqia liudaowanensi 39

Ursus spelaeus 117

Veneridae 21

Vetulicola cuneatus 12

Vjushkovia sinensis 95

Watingaspis tingi 14

Waptia fieldensis 13

Westergaardites pelturaeformis 21

Wuerhosaurus homheni 80

Xiaosaurus dashanensis 87

Xuanhanosaurus qilixiaenesis 71

Yangchuanosaurus magnus 69

Yangchuanosaurus shangyouensis 70

Yimenosaurus youngi 46

Youngolepis praecursor 32

Yunnanocephalus 14

Yunnanodon brevirodsdre 98

Yunnanolepis chii 33

Yunnanosaurus robustus 48

Yunnanozoon lividum 16

Yuzhouopliosaurus chengjiangensis 94

Zalambdalestes sp. 111

Zygolophodon borsoni 122

Zygolophodon nemonguensis 122

Zygolophodon shansiensis 123

Zygolophodon nemonguensis 122

Zygolophodon shansiensis 123

致　謝

　　如果沒有眾多的同事和朋友鼎力相助，這本畫册無法完成。編者衷心感謝張洪杰、董枝明、崔貴海、張杰、李奎、白子麒和李祖耀等先生所提供的一批彌足珍貴的照片；感謝董枝明、周國興、侯連海、宗冠福、趙喜進、郝維誠、侯鴻飛、項禮文、Curt Padilla 先生和王金星女士所提供的寶貴意見；感謝劉煥順、王宇、谷祖綱、張行、孟慶余、何風翔等諸位同事一貫的支持。編者希望對日本琵琶湖博物館高橋啟一博士及生津惠子小姐和美國的 Ohaman 女士及 Slezak 先生予以特別的感謝，他們分別承擔了本書册繁重的日文和英文譯文修改潤色工作。感謝金昌柱先生對日文文稿的校譯。感謝艾春初先生和蓋廣生先生對本畫册出版的至關重要的支持；最后還要感謝吉眾德公司田輝經理和所有技術人員夜以繼日的辛勤勞動。

Acknowledgement

Without the help and materials provided by quite a few colleagues and friends, it is do impossible to have this illustrated-book published. The author is greatly indebted to Mr. Zhang Hongjie, Dong Zhiming, Cui Guihai, Zang Jie, Li kui, Bai Ziqi and Li Zuyao etc. for providing quite a few valuable photos; to Mr.Zhou Guoxing, Hou Lianhai, Zong Guanfu, Zhao Xijin, Hao Weicheng, Hou Hongfei, Xiang Liwen, Curt Padilla and Madam Wang Jinxing for informative consultation; to Mr.Liu Huanshun, Wang Yu, Gu Zugang, Zhang Xing, Meng Qingyu, He Fengxiang for the help all the time. The author would like to thank specially to Dr. Takahashi, Miss Namatsu Keiko, to Mrs. Pamela J. Ohaman and Mr. Jim Slezak, who contribute a lot of time and knowledge to the translation and revision of Japanese and English version. Thanks also go to Mr. Ai Chunchu and Mr. Gai Guangsheng, whose support is essential to this book; and go to Mr. Jin Changzhu for his work on Japanese version; to Mr. Tian Hui and all technicians in JZD invloved in the computer processing.

謝　辞

　　数多くの研究者や友人の援助がなければ、この本を出版することはできませんでした。張洪傑、董枝明、崔貴海、張傑、白子麒、李祖耀の諸氏には非常に貴重な写真を提供いただき、心より感謝申し上げます。董枝明、周国興、侯連海、宗冠福、趙喜進、郝維誠、侯鴻飛、項礼文、Mr. Curt Padilla、王金星の諸氏には貴重なご意見をいただきました。劉煥順、王宇、谷祖綱、張行、孟慶余、何風翔の諸氏には終始援助をいただきました。日本の琵琶湖博物館の高橋啓一博士と生津惠子氏、金昌柱博士、アメリカの Pamela J. Ohaman 女史、Jim Slezak 氏と同夫人に心から感謝いたします。彼らは日本文訳・英文訳を担当して下さいました。艾春初氏と蓋広氏生には本書を出版するにあたり、大きな援助をいただきました。最後になりましたが、吉眾徳公司(田輝社長) の職員の皆さんの昼夜を問わぬご努力に感謝いたします。

主　　編：　　關　鍵　　GUAN, Jian
Main Editor:
編 集 者：

其他編寫人員：　　宋汝棻　　SONG, Rufen
Other Authors:　　胡書生　　HU, Shusheng
執筆者のリスト：　　張　雁　　ZHANG, Yan
　　　　　　　　　　魏明瑞　　WEI, Mingrui
　　　　　　　　　　金昌柱　　JIN, Changzhu
　　　　　　　　　　李春蘭　　LI, Chunlan

照片及圖片提供：　　關　鍵　　張洪杰　　胡書生　　李春蘭　　王　瓊
Photos by:　　　　趙野木　　趙守慶　　崔貴海　　董枝明　　張　杰
寫　　眞：　　　　白子麒　　魏明瑞　　李　奎　　王　宇　　周先喻
　　　　　　　　　張　雁　　李祖耀　　劉煥順　　關文婷　　王　濤
　　　　　　　　　李榮山

部分照片來自：中科院古脊椎動物研究所，北京自然博物館，中國地
　　　　　　　　質學會地層古生物專業委員會，玉溪博物館，澄江博
　　　　　　　　物館，山東省臨朐古生物化石館

圖書在版編目(CIP)數據

中國古動物 / 關鍵主編 –北京：海洋出版社，1998.3
ISBN 7-5027-4487-8

Ⅰ.中… Ⅱ.關… Ⅲ.動物化石 –中國 –圖集 Ⅳ.Q
915.2-64

中國版本圖書館 CIP 數據核字(98)第 03974 號

總 策 劃：蓋廣生
責任編輯：米在燕
封面設計：宋汝棻　張 靈
設計制作：李 琦　張 靈　周寶根　牟 寧　王 斐
　　　　　王會闊　張濱義　郭建輝　趙 耀　吳生艷

海洋出版社　出版發行
1998 年 3 月第 1 版　1998 年 3 月北京第 1 次印刷
開本：210×285　1/16
印張：12.5
ISBN 7-5027-4487-8／Q·136
海洋版圖書印、裝錯誤可隨時退換